U0772813

启蒙国学系列

FANYI LIANWEN

反义连文

林淑建 著

知识产权出版社

全国百佳图书出版单位

图书在版编目（CIP）数据

反义连文/林淑建著. —北京：知识产权出版社，2015.8
ISBN 978-7-5130-3562-0

Ⅰ. ①反⋯　Ⅱ. ①林⋯　Ⅲ. ①汉语-反义词-通俗读物
Ⅳ. ①H136.2-49

中国版本图书馆 CIP 数据核字（2015）第 130664 号

责任编辑：李　娟

反义连文
FANYI LIANWEN

林淑建　著

出版发行：知识产权出版社 有限责任公司		网　址：http://www.ipph.cn	
		http://www.laichushu.com	
电　话：010-82004826		邮　编：100088	
社　址：北京市海淀区马甸南村1号			
责编电话：010-82000860 转 8594		责编邮箱：aprilnut@foxmail.com	
发行电话：010-82000860 转 8101/8102		发行传真：010-82000893/82003279	
印　刷：北京中献拓方科技发展有限公司		经　销：各大网上书店、新华书店及相关专业书店	
开　本：850mm×1260mm　1/64		印　张：4	
版　次：2015 年 8 月第 1 版		印　次：2015 年 8 月第 1 次印刷	
字　数：150 千字		定　价：29.80 元	

ISBN 978-7-5130-3562-0

序　文

（一）

　　反义词是各种语言学习的重点、难点和常考点，广泛地应用在人们的日常交流及各门学科里。在语言教学中，反义词占有相当大的分量，古人常用的"反义相训"仍普遍地运用在现代语言教学中。

　　反义词虽然数量庞大，但它们大都由常用的反义语素构成，而这些反义语素不过两千字。也就是说，只需掌握少量常用的反义语素就能较快地识记数量庞大的反义词。《反义连文》将常用的反义语素连缀成便于诵读的文章，它可以帮助读者在较短的时间内集中识记反义词。

　　比较以往相关的著作，本书有诸多特点和优势。

　　一是本书开启反义词启蒙教育的先河。"凡大小、长短、是非、善恶之类，两字对文，人所易晓也。"（清代俞樾）反义词为大众所熟知，具有较高的社会阅读需求。然而，市场上除了反义词典外再无其他普及性读物。本书正好填补了这个需求潜力巨大的市场空白。

二是全文皆由反义语素连缀而成，所引用的例句均是反义对举句，大都是经典的格言、警句和诗词，并注意它的思想性和稳定性。这有助于读者学习和应用反义词，并从中领略到反义词的魅力和作用。

三是内容丰富，新颖独特。全文共252句，每四字一句，除多音字外，字不重复，句句押韵，前后连贯。全文虽然只有一千余字，内容却涉及诸多领域，蕴含丰富的社会事理、哲理以及科学思想和民俗文化，将中国传统文化与现代科学成就巧妙地融为一体。【注释】采用"字音—解释—例句"的结构方式，将"识字—文理—百科知识"等功能有机地组织起来，满足不同读者的阅读需求。

四是文中还穿插讲述古今中外不同年龄段的人利用反义词进行思维决策的故事。这些故事短小精炼，而且饱含着丰富的哲理，对启迪读者的智力及提高运用反义词的能力，有一定的帮助。

五是以反义词为题材的命名作文，是古今中外各种中高级考试常用的形式。用反义词写成诗句、短文或论文，仍将是中高考作文的重要题型。相信本书对提高读者的作文能力也会有所帮助。

当然，由于本书创作的初衷是使反义词变得易诵易记，让读者在短时间内集中识记反义词，因此，在力求音字不复和句子押韵之时，个别地方难免在意思上略显牵强，在押韵上难免存在谬误，敬请读者谅解。

（二）

反义词是指意义相对或相反的词语。它是自然辩证关系在人类思想和语言的具体表现，是人类对自然辩证关系的总结和提炼。

反义词源于人类对相反事物的认识。人类对事物的认识从无到有，从独到俩，从俩到众，继而到有序。"独"是一种模糊的认识，只有在找到"俩"之后才能清晰地认识事物。中国先哲早已认识到："物必有两""物必有对""义必有两，每相对而出。"（《兵经百篇》）"有一必有二，二本于一。"（方以智语）"物不可不定于一，有统一而后能成；物不可不对为二，有对争而后能进。"（康有为语）"世界是对立物的统一"等。由此可见，"天地""父母""上下"等词语是在反义对举中产生。在古汉语里，大量的反义词产生于反义对举或反义聚合，其中诞生了许多千古流传的名言警句。

反义词是社会交往的基本词汇。它既是人类最早使用的词汇，也是人类探索前沿科学所必须创造出的新词。从早期婴幼儿学"爸妈爷奶"开始，再到思想家科学家所讨论探索的"宇宙时空、天地人物"，乃至社会生产生活中所用的"供需买卖、软件硬件"等词汇，无不用到反义词。

反义词是各门学科术语的基本词素。如果不懂得反义词的内涵及其关系，就难以继续学习和研究下去。倘若不懂得"正负"的含义和关系，就难以正确地理解数学的"正数""负数"，物理的"正电荷""负电荷"等概念。许多科学定义或定理就直接用反义词来表达。比如"宇宙是时间和空间的统一""同类相吸，异类相斥""优胜劣汰，适者生存"等。

反义词是经典著作普遍使用的词汇。从古老的《易经》到近现代的《毛泽东选集》，都曾大量创造或使用反义词。据统计，《易经》共用 47 对反义词，《尚书》共用 85 对，《易传》共用 98 对，《老子》共用 165 对，《论语》共用 256 对，《左传》共用 406 对，《庄子》共用 347 对，《荀子》共用 457 对，《孙子兵法》共用 131 对，《淮南子》共用 502 对，《论衡》共用 371 对，《史记》共用 377 对。《毛泽东选集》中有许多睿智幽默的语言，这与其大量使用反义词不无关系。因此，掌握反义词有助于我们学习经典著作。

反义词是人类思想的重要语素，是逆向思维、辩证思维和创新思维的词源。如果没有反义词，人们难以进行辩证思考，容易陷入形而上学式思考。作为人类最高学问的哲学与反义词关系密切。从一定意义上讲，哲学就是专门研究和讨论事物相对或相反关系的学问。老子、孔子、释迦牟尼、马克思等人之所以被后人称为千年智者，在于他们掌握了辩证思维，善于从正反两方面去观察和思考世界，并且创造和使用大量的反义词。因此，掌握反义词，有助于提高人们的逆向思维、辩证思维和创新思维的能力，可以让自己更加聪明睿智，让自己的语言更富有内涵和哲理。

反义词是人类发现自然规律的必用词汇。古希腊最著名的数学家、物理学家阿基米德就是利用反义词，发现人类最早的两条物理规律。他在研究杠杆左右两边的起落关系时，找到了杠杆的平衡支点。当他一时被皇冠问题困扰时，一次洗澡，让他意外地从人入水而水溢出的现象中发现了事物浮沉规律，即浮力定理。

反义词构成了诸多词语、成语、格言警句或奇说妙语。许多富有哲理的诗词语句，常被后人传诵。当它们构成对偶对仗、对比映衬、交错排比的句子时，语言更加深刻有力。准确地运用反义词能使语言更加精炼鲜明，具有概括性强的特征，更能形象地表达自己的思想感情，增强语言的表现力。用相反的事物对比来说理论证，也更富有战斗力。

现代汉语的反义词是在古汉语反义语素的基础上发展起来的。社会在发展，社会新事物也不断地涌现出来，与时俱进地创新反义词汇，是时代赋予今人的使命。学习反义语素有助于我们学习和创造反义新词语。

总之，学习和研究反义词，不仅有助于我们研究和学习古现代汉语，而且有助于我们准确地理解文字及其遣词造句，还有助于提高我们的逆向、辩证和创新思维能力以及对各门知识的学习和研究。

为了让思想和语言更富有睿智，请学习和使用反义词吧！

目　录

一　天文和地理
yī　tiān wén hé dì lǐ

yǔ　zhòu　qián　kūn

| 宇 | 宙 | 乾 | 坤 |

shí　kōng　jīng　wěi

| 时 | 空 | 经 | 纬 |

xiāo　rǎng　zhōu　xuán

| 霄 | 壤 | 周 | 旋 |

lái　huí　wǎng　fǎn

| 来 | 回 | 往 | 返 |

chūn　qiū　xià　dōng

| 春 | 秋 | 夏 | 冬 |

wēn　liáng　shǔ　lěng

| 温 | 凉 | 暑 | 冷 |

rì yuè jiāo jiē

| 日 | 月 | 交 | 接 |

zhòu xiāo guāngmíng

| 昼 | 宵 | 光 | 寒 |

zhāo xī dàn mù

| 朝 | 夕 | 旦 | 暮 |

xiǎo míng chén hūn

| 晓 | 暝 | 晨 | 昏 |

rán xī zháo miè

| 燃 | 熄 | 着 | 灭 |

liàng àn lǎng mèi

| 亮 | 暗 | 朗 | 昧 |

dōng xī nán běi

| 东 | 西 | 南 | 北 |

qián hòu zuǒ yòu

| 前 | 后 | 左 | 右 |

shàng	xià	nèi	wài
上	下	内	外

zhōng	biān	xīn	páng
中	边	心	旁

yuǎn	jìn	xiá	ěr
远	近	遐	迩

guǎng	xiá	kuò	ài
广	狭	阔	隘

tū	āo	lóng	xiàn
凸	凹	隆	陷

dǐng	dǐ	fēng	gǔ
顶	底	峰	谷

tiān	dì	shān	zé
天	地	山	泽

léi	fēng	shuǐ	huǒ
雷	风	水	火

yǔ	yáng	jìn	shài
雨	旸	浸	晒

shī	gān	rùn	zào
湿	干	润	燥

dòng	yē	níng	pàn
冻	暍	凝	泮

lào	hàn	mào	kū
涝	旱	茂	枯

yǒng	mò	fú	chén
涌	没	浮	沉

zhǎng	luò	téng	jiàng
涨	落	腾	降

pì	xī	dǎo	dǔ
辟	翕	导	堵

tōng	sāi	chàng	zhì
通	塞	畅	滞

xù	pái	qīng	hún
蓄	排	清	浑

jié	wū	jìng	huì
洁	污	净	秽

yǔ zhòu qián kūn

宇—宙，乾—坤；

【注释】

宇—宙：无限空间—无限时间。哲学上亦称世界。
《尸子》："天地四方曰宇，往古来今曰宙。"

乾—坤：天—地。亦指天下或国家。乾代表天、阳或
男性。坤代表地、阴或女性。

【大意】无限的宇宙包含天地万物。

【反义对举】

● 求知于宇宙，搜学问于世界。（民国 鲁迅）

● 不要人夸好颜色，只留清气满乾坤。（元朝 王冕）

● 宁为宇宙闲吟客，怕作乾坤窃禄人。（唐朝 杜荀
鹤）

　　宇宙观是人类探索和认识世界的产物。人

类的宇宙观不是一成不变，而是动态演变。

中国人的宇宙观大体经历六次变革和融合：从早期的"混沌如蛋子"论，到春秋时"天圆地方"的盖天论，再到汉朝时期的浑天论和昼夜论之争；以后随着域外文明的渗透，又出现"吾心即宇宙，宇宙即吾心"的佛心论、神创论、时空论等观点。

不同的宇宙观产生不同的思想文明。认识不同的宇宙观，有助于我们的学习和研究，便于同他人沟通和交往。

shí kōng jīng wěi
时—空，经—纬。

【注释】

时—空：时间—空间。时间是一维的，空间是三维的。

经—纬：经线—纬线。经纬本指织物的纵线和横线，后来分别引申为纵向和横向。

【大意】 宇宙是由时间和空间纵横交织而成的。

【别对】 实—空（充满—虚空） 色—空（形相—本性）

经—络（经脉—络脉） 经—权（常规—变通）

【反义对举】

●时间是人类发展的空间。（德国　卡尔·马克思）

●经非权则泥，权非经则悖。（唐朝　柳宗元）

●古来经纬心皆晓，闲处光阴发半秋。（宋朝　范仲淹）

　　"乾坤""天地""自然""宇宙""世界""时空"都是中国哲学的重要概念。

　　其中，"乾坤""天地"源于《易经》，侧重于物性，用来说明宇宙的运行机制。"自然"源于《道德经》，侧重于自在性，强调事物的客观性运动。"宇宙"源于杂家，强调事物运行的时空条件。"世界"源于佛教，后泛用于宗教，侧重于心性和神性，"世"表时间义，以佛教的"三世轮回"为来源。"时空"源于西方哲学和科学，大体与"宇宙"相同。虽然它们的词源和含义不尽相同，但在生活中基本通用。

　　除"自然"和"世界"外，其他词汇都是反义复合词，从中我们可以领略到前人创造

·7·

词汇的智慧。

综上所述，宇宙观实质是人类对自在物运行条件和规律的认识。

霄—壤，周—旋；
<small>xiāo rǎng zhōu xuán</small>

【注释】

霄—壤：天—地。比喻相差甚远。

周—旋：环绕—盘旋。表示运转，引申为交往。

【大意】 天地不停地自转环绕与公转盘旋。

【别对】 周—隙（周密—缝隙）

【反义对举】

●君子进退、周旋、群独、语默，不失其正。（明朝 王融）

●兄弟前后，成败霄壤，后起者胜，孰知其故。（清朝 魏源）

●夫将者，国之辅也。辅周则国必强，辅隙则国必弱。（先秦 孙武）

来—回，往—返。
<small>lái huí wǎng fǎn</small>

【注释】

来—回：至—归。来：从别处到说话人所处的位置。

回：到原来离开的地方。

往—返：去—回。

【大意】来来去去，循环往复。

【别对】往—复（到—返）往—来（去—来，过去—
未来）

【反义对举】

●拓地三千里，往返速若飞。（汉朝　王粲）

●客自长安来，还归长安去。（唐朝　李白）

●黄河之水天上来，奔流到海不复回。（唐朝　李白）

chūn　qiū，xià　dōng
春—秋，夏—冬；

【注释】

春—秋：春天—秋天、春季—秋季。泛指岁月，亦可
指人的年岁。

夏—冬：夏天—冬天、夏季—冬季。

【大意】春夏秋冬四季循环运动。

【反义对举】

●草杂今古色，岩留冬夏霜。（南北朝　孔稚珪）

●春种一粒粟，秋收万颗子。（唐朝　李绅）

●律己宜带秋风，处事宜带春风。（清朝　张潮）

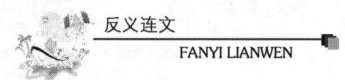
wēn liáng shǔ lěng
温—凉，暑—冷。

【注释】

温—凉：暖和—凉快。多指气候。

暑—冷：酷暑—严寒。

【大意】 温暖、酷暑、凉快、严寒四种温差变化。

【别对】 温—厉（温和—严厉） 炎—凉（炎热—清凉）

冷—热（寒冷—酷热） 冷—暖（寒冷—温暖）

【反义对举】

●嗟温凉之异气，或脱故而服新。（晋朝　陶潜）

●人情有冷暖炎凉，是非有曲直圆方。

●洞冷不知门外暑，心闲唯觉腹中清。（元朝　丘处机）

rì yuè jiāo jiē
日—月，交—接；

【注释】

日—月：太阳—月亮。

交—接：移交—接替。

【别对】 日—夜（白天—晚上） 接—送（迎接—欢送）

【大意】 日月交替运行。

【反义对举】

●光阴似箭，日月如梭。

●日所有思，夜有所梦。

●虚荣相交，友谊难接。

昼^{zhòu}—宵^{xiāo}，光^{guāng}—冥^{míng}。

【注释】

昼—宵：日—夜、白天—黑夜。

光—冥：明亮—昏暗。

【大意】 白天明亮，夜晚昏暗。

【别对】 昼—夜（白天—晚上）光—阴（日光—阴影）

光—糙（光滑—粗糙）冥—昭（昏暗—光明）

【反义对举】

●月朓日蚀，昼冥宵光。（汉朝　班固）

●昼夜勤作息，伶俜萦苦辛。《孔雀东南飞》

●无冥冥之志者，无昭昭之明；无惛惛之事者，无赫
赫之功。（先秦　荀况）

朝^{zhāo}—夕^{xī}，旦^{dàn}—暮^{mù}；

【注释】

朝—夕：早晨—傍晚。表示时时、天天或短暂的时间。

旦—暮：早晨—傍晚。比喻短暂的时间。

【大意】 从早晨到傍晚。

【反义对举】

●朝晖夕阴，气象万千。（宋朝　范仲淹）

●知君仙骨无寒暑，千载相逢犹旦暮。（宋朝　苏轼）

●两情若是久长时，又岂在朝朝暮暮。（宋朝　秦观）

chén　hūn，xiǎo　míng
晨—昏，晓—暝。

【注释】

晨—昏：早晨—黄昏。

晓—暝：拂晓—黄昏。表示天将亮的时候。

古人把日出时叫旦早朝晨，日落时叫夕暮昏晚，所以古文常出现旦夕、朝暮、晓暮、晨暮、昏旦并举。

【大意】历经清晨天明到黄昏暗暝。

【反义对举】

●易一晨昏，如历年岁。（清朝　蒲松龄）

●造化钟神秀，阴阳割昏晓。（唐朝　杜甫）

●何处黄鹂破暝烟，一声啼过苏堤晓。（明朝　杨周）

rán　xī，zháo　miè
燃—熄，着—灭；

【注释】

燃—熄：燃烧—熄灭。

着—灭：燃烧—熄灭。

【大意】着火燃烧，熄火燃灭。

【别对】燃—灭（燃烧—熄灭）

【反义对举】

●热锅着火，锅盖盖灭。

●烽火燃不熄，征战无以时。（唐朝　岑参）

●或吹火而然（通"燃"），或吹火而灭，所以吹者
　异也。（南朝　萧绎）

亮 —暗，朗 —昧。

【注释】

亮—暗：明亮—阴暗。两者在亮度上形成反对关系。

朗—昧：明朗—暧昧。

【别对】明—暗（光明—黑暗）

【大意】有光则明朗，无光则晦昧。

【反义对举】

●明枪易躲，暗箭难防。

●烛花侵雾暗，瑟调寒风亮。（唐朝　杨衡）

●清浊参差，所禀有主，朗昧不同科，强弱各殊气。
　（晋朝　葛洪）

万年历

　　商朝有位年轻的樵夫叫万年。他看到当时的节令

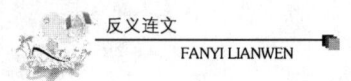

很混乱，给人们的生活带来了十分的不便，于是产生了修订节令的念头，可是又不知从何处下手。

一天，他上山砍柴累了，倚在树下休息，又想起修订节令的事情来，想着想着，忽然，他从徐徐移动的树影中得到了灵感。他设计了一个日晷仪，用测日影来计时间。可是，若遇上晚上或阴雨天，日晷仪就失去作用了。

后来，他在山上打柴时，到泉边喝水，有节奏的泉水叮咚声又启发了他，他又设计了一种漏壶计时器。这样，不管是白天还是晚上，也不管天气如何变化，都能够了解到时间了。在这个计时器的帮助下，万年更加认真地观察天时的变化。年复一年，经过长期观察和精心推算，万年制定出了准确的太阳历。

人们为了纪念万年的功绩，将太阳历命名为"万年历"，并封他为日月寿星。

dōng　xī　nán　běi
东—西，南—北；

【注释】

东—西：东方—西方。泛指各种具体的或抽象的事物。

南—北：南方—北方。

　　　表示东西（或水平）向和南北（或垂直）向

　　的反义词：广袤、广轮、经纬、横纵、阡陌、
　　行列等。

【大意】天地四方，东西南北。

【反义对举】

●东西南北皆兄弟，赵钱孙李是一家。

●舍南舍北皆春水，但见群鸥日日来。（唐朝　杜甫）

●不是东风压倒西风，就是西风压倒东风。

qián　hòu　zuǒ　yòu
前一后，左一右。

【注释】

前一后：前面一后面。

左一右：左面一右面。表示上下、支配、随从或反正。

【大意】前前后后，左左右右。
　　　　早晨面向太阳，前面是东，后面是西，左边
　　　　是北，右边是南。

【别对】先一后（早一晚）

【反义对举】

●吃苦在前，享乐在后。

●左手画方，右手画圆。

●先发制人，后发制于人。（汉朝　班固）

shàng xià nèi wài
上 —下，内—外；

【注释】

上—下：上面—下面。分别表示位高和位低，表示
　　　　全部。

内—外：里面—外面。

【大意】 上上下下，里里外外。

【别对】 分—外（分内—额外）

【反义对举】

●从上到下，广为团结。

●修内勿修外，执中勿执偏。（宋朝　司马光）

●路漫漫其修远兮，吾将上下而求索。（先秦　屈原）

zhōng biān xīn páng
中 —边，心—旁。

【注释】

中—边：中间—边缘。

心—旁：中心—旁侧。

【大意】 中心相对应着旁边。

中间为轴心，四边为旁侧。

【别对】 中—西（中华—西洋）心—力（脑力—体力）

　　　　　中—外（内部—外部）直—旁（直系—旁系）

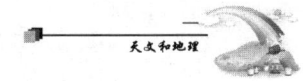
【反义对举】

●无小而不大，无边而不中。(唐朝　王勃)

●旁搜水脉湘心满，遍揭泉根梵底通。(唐朝　徐仲雅)

●内通耳目外心智，旁挟日月超乾坤。(宋朝　苏颂)

_{yuǎn　jìn　xiá　ěr}
远—近，遐—迩；

【注释】

远—近：远处—近处。分别表示距离长和短。

遐—迩：远—近。

【大意】(距离)长而远，短而近。

【别对】遥—近(远—近)　远、遐—近、迩

【反义对举】

●远在天边，近在眼前。

●若升高必自下，若陟遐必自迩。(《尚书》)

●天街小雨润如酥，草色遥看近却无。(唐朝　韩愈)

_{guǎng　xiá　kuò　ài}
广—狭，阔—隘。

【注释】

广—狭：广阔—狭隘。

阔—隘：宽广—狭窄。

【大意】(地势)宽广辽阔，狭隘逼仄。

【别对】险—易（险峻—平坦）宽—隘（宽广—狭隘）

　　　　阔—穷；狭、窄—广、阔、宽

【反义对举】

●阔隘偶殊，妍丑迥异。（明朝　解缙）

●贤路当广不当狭，言路当开不当塞。（《宋史》）

●古之用人者，取之至宽而用之至狭。（宋朝　苏轼）

买东西

　　朱熹是宋朝著名的理学家。一次，他在路上遇见好友盛温如提着篮子上街，朱问："你上哪儿?"盛幽默地回答："买东西。"

　　朱又问："买什么'东西'，为何不买'南北'?"

　　盛又回答道："东方属木，西方属金，凡属金木类的篮子可装，南方属火，北方属水，篮子装不得水火类，故只能买'东西'而不能买'南北'。"

　　朱熹听后说："有道理。"

　　从此，社会便有了"买东西"的说法。

井底之蛙

　　井底的青蛙对来自东海的巨鳖夸耀说："你看我多快乐啊！高兴时，就跳到井外尽情地戏耍。玩累了，就回到井里舒舒服服地躺着。跳进井里，井水仅能浸到我的两腋，轻轻地托住下巴；稀泥刚好没过我的双脚，软软的太舒服了。哪像河里的鱼虾，它们也没有我快乐。您为何不进来参观一下！"

鳖本想进去看看，但左脚还没跨进去，右腿已被井沿绊住了，只好慢慢地缩回去，站在井边对青蛙说："你知道海有多大吗？说千里之遥，还难以描述它的广大，说千丈之高，还难以描述它的深度。夏禹时，十年九涝，海水不见升高；商汤时，八年七旱，海水不见降低。生活在东海里无羁无绊，那才是真正的快乐呢！"

井蛙听傻了。它这才明白自己生活的空间是多么狭小啊！

凸—凹，隆—陷；

【注释】

凸—凹：凸出—凹下。高于周围为凸，低于周围为凹。

隆—陷：隆起—塌陷。

【大意】 地表凸凹起伏，隆起沉陷。

地壳在隆陷运动中造成地表凹凸不平。

【反义对举】

●山隆地陷，沧海变桑田。

●凹凸本自然，出缩非斗缝。（宋朝　梅尧臣）

●山头凹凸犹难辨，水面波澜却易浑。（明朝　雪溪
　映）

dǐng　　dǐ　　fēng　gǔ
顶—底，峰—谷。

【注释】

顶—底：顶部—底部。

峰—谷：高峰—低谷。

【大意】 山脉的凸顶处为峰，凹底处为谷。

【反义对举】

●牛市不言顶，熊市不言底。

●海有底山有顶，知识学问无止境。

●轻车超忽三十里，峰回谷转成字形。（明朝　尹伸）

tiān　　dǐ　　shān　zé
天—地，山—泽；

【注释】

天—地：天空—陆地。

山—泽：山丘—沼泽。

【大意】 天文地理，山丘沼泽。

　　　　　天地确定上下位置，山泽气息相通。

【别对】天—壤（天—地）旱—泽（干旱—潮湿）

【反义对举】

●山峭者崩，泽满者溢。(西汉　贾谊)

●以天为父，以地为母，阴阳为纲，四时为纪。(《精神》)

●天高而明，地厚而平，五气叙行，万汇顺成。(唐朝　韩愈)

雷—风，水—火。
（léi—fēng，shuǐ—huǒ）

【注释】

雷—风：迅雷—疾风。比喻巨大的声威。

水—火：水—火。比喻灾难、艰险或不能相容的对立物。

【大意】雷霆暴风，大水大火。

　　　　雷风相迫而动，水火不相厌恶。

【反义对举】

●水与火，不能相容。

●大丈夫做事，雷厉风行。(清朝　李渔)

●火生者不伤湿，水居者无溺患。(汉朝　王充)

雨—旸，浸—晒；
（yǔ—yáng，jìn—shài）

【注释】

雨—旸：雨—晴。

浸—晒：泡—曝。

【大意】雨天浸泡，晴天暴晒。

【别对】雨—晴

【反义对举】

●日晒千年杉，水浸万年松。

●久雨必有久晴，久晴必有久雨。

●雨旸时若在仁君，鼎鼐调和有大臣。（元朝　马致
远）

湿^{shī}—干^{gān}，润^{rùn}—燥^{zào}。

【注释】

湿—干：潮湿—干燥。

润—燥：湿润—干枯。

【大意】湿则润泽，干则燥枯。

【别对】湿—燥（潮湿—干燥）

　　　　干—戈（防御性武器—进攻性武器）

【反义对举】

●水流湿，火就燥。（《易经》）

●母称儿干卧，儿屎母湿眠。（《劝孝歌》）

●杏花味苦可温补，梨花润燥可化痰。

干湿辨冤案

三国时吴国废主孙亮有一次出游西苑,当时正是吃梅子的季节,他派宦官到库房去取蜂蜜来浸泡梅子。

孙亮从宦官取来的蜂蜜中发现有老鼠屎。孙亮派人叫来库管问:"宦官曾向你要过蜂蜜吗?"库管说:"过去他曾向我要过,可我实在不敢给他。"宦官表示不服。

左右的人都请孙亮把这件事交给刑狱审判。

孙亮说:"这件事很容易裁决。"他命令左右把鼠屎剖开,发现里面还是干的。孙亮说:"如果鼠屎早先已掉进蜜里,应该里外都已被浸湿了。现在鼠屎里面是干的,这分明是有人想借机栽赃诬陷库管。"

于是那个宦官不得不低头认罪。

正午牡丹

宋朝文学家欧阳修曾经得到一幅古画,画面上是一丛牡丹,牡丹下蹲着一只猫。

他不知道这幅画的优劣。丞相吴育看到这幅画后说:"这是正午的牡丹。根据什么来判断它(是正午的牡丹)呢?这花的花瓣开展散发而且色泽干燥,这猫的瞳孔眯成一条线,这些都是正午的现象。如果花

含露水，那它的花房就会收敛且花朵润泽潮湿。猫的瞳孔在早晨或晚上都是浑圆的，太阳渐高，瞳孔就逐渐地狭长，到正午时它就会眯成线。"

　　欧阳修听了之后，随即叫人把它裱起来，挂在客厅里。

冻—暍，凝—泮；

【注释】

冻—暍：寒—热。

凝—泮：凝结—融解。

【大意】 寒冻则凝结，炎热则融解。

【别对】 凝—溶（凝固—溶化）凝—熔（凝固—熔化）

【反义对举】

●落日水熔金，天淡暮烟凝碧。（宋朝　廖世美）

●夫冻者假衣于春，暍者反冬乎冷风。（先秦　庄周）

●水向冬则凝而为冰，冰迎春则泮而为水。（汉朝　刘安）

涝—旱，茂—枯。

【注释】

涝—旱：水涝—干旱。

茂—枯：繁茂—枯萎。

【大意】水涝时草木繁茂，干旱时草木枯萎。

【别对】枯—荣（枯萎—茂盛）

【反义对举】

●下雨防旱，天干防涝。

●丰草多华英，茂林多枯枝。（汉朝　王充）

●离离原上草，一岁一枯荣。（唐朝　白居易）

yǒng　mò　fú　chén
涌—没，浮—沉；

【注释】

涌—没：涌现—埋没。

浮—沉：上浮—下沉。

【大意】（水）涌起上浮，埋没下沉。

【反义对举】

●针虽小，入水则沉；毛虽大，入水则浮。

●众口之毁誉，浮石沉木；群邪所抑，以直为曲。（西
　汉　陆贾）

●远近诸山出其中者，皆若飞浮往来，或涌或没，顷
　刻万变。（宋朝　朱熹）

zhǎng　luò　téng　jiàng
涨 —落，腾 —降。

【注释】

涨—落：上涨—下落。

腾—降：腾升—降落。

【大意】 上涨腾升，下落堕降。

【别对】 升—降（起—落）

【反义对举】

●河水有起落，价格有胀缩。

●涨水鱼落水虾，不涨不落老蛤蜊。

●阴阳在天地间，腾降而相推，不能无愆伏。（宋朝
　　欧阳修）

辟—翕，导—堵；
<small>pì　　xī　　dǎo　　dǔ</small>

【注释】

辟—翕：开—合。引申为纵横变化。

导—堵：疏导—堵塞。

【大意】 开辟疏导，合围堵塞。

【别对】 张—翕（张开—关合）堵—疏（堵塞—疏导）

【反义对举】

●大禹治水，疏而不堵。

●管理以导为主，辅之于堵。

●翕辟乾坤异，盈虚日月同。（唐朝　宋昱）

通—塞，畅 —滞。
<small>tōng　　sāi　　chàng　　zhì</small>

【注释】

通—塞：疏通—阻塞（sè）。

畅—滞：流畅—凝滞。

【大意】疏通畅流，阻塞滞留。

【别对】滞—通（滞留—通畅）通—壅（畅通—堵塞）

【反义对举】

●公道通而私道塞。（汉朝　刘安）

●流韵贯通，行畅不滞。

●独思则滞而不通，独为则困而不就。（《中论》）

xù　pái　qīng　hún
蓄—排，清—浑；

【注释】

蓄—排：蓄储—排出。

清—浑：清澈—浑浊。比喻事物的本来面目、是非、
　　　情由等。

【大意】蓄储清水，排出浑水。

【别对】储—耗（积累—消耗）
　　　清—浊（清澈—浑浊、清音—浊音）

【反义对举】

●蓄排兼筹，瞻前顾后。（现代　周恩来）

●清浊二声，为乐之本。（宋朝　欧阳修）

●潮上水清浑，棹影轻於水底云。（宋朝　张先）

jié — wū, jìng — huì

洁—污，净—秽。

【注释】

洁—污：干净—肮脏。

净—秽：洁净—污秽。

【大意】 清洁净化，肮脏污秽。

【别对】 洁—秽（干净—肮脏）

【反义对举】

●净从秽生，明从暗出。（《菜根谭》）

●芳盛无良苗，源污无洁水。（宋朝　金君卿）

●物性殊洁秽，人品随高低。（宋朝　五迈）

击缸救人

北宋名臣司马光，七岁时的一天，和邻居小伙伴们在后院里玩捉迷藏。

有个小孩爬上假山，不小心掉进了一个蓄满水的大缸里。邻居小伙伴们个个都吓坏了，司马光却不慌不忙地抱起一块石头，把大缸砸开了个大洞。水哗哗地排了出去，那个孩子于是得救。

这件事传开后，人们都夸小司马光又聪明又勇敢。

夏禹治水

四千多年前，黄河流域发生了一次特大的洪涝灾害。为了解除水患，部落联盟推举了鲧去治水。

由于鲧采用传统的"堙""障"等围截堵塞的办法，治水九年仍不见效。尧死后，大家推举舜当部落联盟的首领。

舜在巡查治水时看到鲧对洪水束手无策，耽误了部落联盟的大事，就将鲧法办了。部落联盟又推举鲧的儿子禹去治水。

禹经过实地考察，制定了切实可行的治水方案。他组织大家，一方面继续修筑堤坝，一方面采用开渠排水、疏通河道的办法，将洪水引到江河湖海中去。这样，经过整整十三年的努力，禹终于用疏导引流的办法将洪水平定了。

后来，这种方法一直被后人沿用。当舜年老的时候，禹被推举为部落联盟的首领。

正文及大意

宇宙乾坤，时空经纬

无限的宇宙包含天地万物，它是由时间和空间纵横交织而成的。

霄壤周旋，来回往返

天地不停地自转环绕与公转盘旋，来来去去，循环往复。

春秋夏冬，温凉暑冷

春夏秋冬四季循环运动，产生温暖、酷暑、凉快、严寒四种温差变化。

日月交接，昼宵光冥

日月交替运行；白天明亮，夜晚昏暗。

朝夕旦暮，晓暝晨昏

从早晨到傍晚，历经清晨天明到黄昏暗暝。

燃熄着灭，亮暗朗昧

着火燃烧，熄火燃灭；有光则明朗，无光则晦昧。

东西南北，前后左右

天地四方，东西南北；前前后后，左左右右。

上下内外，中边心旁

上上下下，里里外外。中间为轴心，四边为旁侧。

远近遐迩，广狭阔隘

（距离）长而远，短而近；（地势）宽广辽阔，狭隘逼仄。

凸凹隆陷，顶底峰谷

（地表）凸凹起伏，隆起沉陷。（山脉）凸顶处为峰，凹底处为谷。

天地山泽，雷风水火

天地定位，山泽通气；雷风相薄，水火不相射。

雨旸浸晒，湿干润燥

雨天浸泡，晴天暴晒；湿则润泽，干则燥枯。

冻旸凝泮，涝旱茂枯

冻则凝结，热则融解；水涝时草木繁茂，干旱时草木枯萎。

涌没浮沉，涨落腾降

（水）涌起上浮，埋没下沉；上涨腾升，下落堕降。

辟翕导堵，通塞畅滞

开辟疏导，合围堵塞；疏通畅流，阻塞滞留。

蓄排清浑，洁污净秽

蓄储清水，排出浑水；清洁净化，肮脏污秽。

二　生活和劳作
èr　shēng huó hé láo zuò

zǔ	sūn	fù	zǐ
祖	孙	父	子

jiù	shēng	shū	zhí
舅	甥	叔	侄

bà	mā	diē	niáng
爸	妈	爹	娘

chūn	xuān	kǎo	bǐ
椿	萱	考	妣

xiōng	dì	jiě	mèi
兄	弟	姐	妹

dì	sì	zhóu	lǐ
娣	姒	妯	娌

yuè	xū	pó	xí
岳	胥	婆	媳

gē	sǎo	gū	zhāng
哥	嫂	姑	嫜

yuān	yāng	nán	nǚ
鸳	鸯	男	女

qǔ	jià	hūn	yīn
娶	嫁	婚	姻

fū	fù	chàng	hè
夫	妇	唱	和

lǎo	shào	yí	chéng
老	少	遗	承

guǎn	guàn	lǐ	làn
管	惯	礼	滥

xiào	niè	yǎng	shāng
孝	孽	养	伤

qīn chóu zūn bēi

亲 仇 尊 卑

ēn yuàn ài hèn

恩 怨 爱 恨

chéng zhà xìn wěi

诚 诈 信 伪

gōng ào jìng màn

恭 傲 敬 慢

tài jiāo qiān mǎn

泰 骄 谦 满

tián mǐn róng pò

恬 悯 容 迫

zhǔ kè yíng sòng

主 客 迎 送

nǐ wǒ féng bié

你 我 逢 别

jù	sàn	hé	lí
聚	散	合	离

qǔ	shě	liú	qù
取	舍	留	去

rén	jǐ	ěr	wú
人	己	尔	吾

qún	dú	lín	gū
群	独	邻	孤

tóng	sǒu	yòu	zhǎng
童	叟	幼	长

wēng	yù	guān	guǎ
翁	姬	鳏	寡

piāo	bó	bá	shè
漂	泊	跋	涉

pū	yǎn	jué	zhèn
仆	偃	蹶	振

sù	yè	xìng	mèi
夙	夜	兴	寐

qǐ	jū	xíng	zhǐ
起	居	行	止

cái	féng	yī	shɑng
裁	缝	衣	裳

jì	jiě	chuān	tuō
系	解	穿	脱

kāi	guān	qǐ	fēng
开	关	启	封

tuī	lā	chū	rù
推	拉	出	入

záo	ruì	shū	huán
凿	枘	枢	环

hù	yǒu	suǒ	yào
户	牖	锁	钥

chéng	xiāng	shì	jiāo
城	乡	市	郊

qiān	mò	háng	liè
阡	陌	行	列

féi	qiāo	wò	jí
肥	硗	沃	瘠

jià	sè	zāi	fá
稼	穑	栽	伐

wā	tián	jué	mái
挖	填	掘	埋

jiē	yǎn	xiān	gài
揭	掩	掀	盖

cāo	zòng	chí	zhì
操	纵	持	置

zhù	zhuó	tái	yā
注	酌	抬	压

jiǎn diū shí qì
捡 丢 拾 弃

pīn chāi zhuāng xiè
拼 拆 装 卸

zǔ sūn fù zǐ
祖—孙，父—子；

【注释】

祖—孙：爷爷—孙子。

父—子：父亲—儿子。

【大意】祖子孙三代人。

【反义对举】

●知子莫如父，知女莫如母。

●一袴着穿两膝露，饕虿爷孙浩无数。（宋朝　邵定）

●君不见祖孙父子兄与弟，根兰树玉枝亦桂。（宋朝
　　杨万里）

jiù shēng shū zhí
舅—甥，叔—侄。

【注释】

舅—甥：舅舅—外甥。

叔—侄：叔叔—侄子。

【大意】长辈：舅舅叔叔，晚辈：外甥侄子。

【别对】舅—妗（舅舅—舅妈）叔—婶（叔叔—婶婶）

【反义对举】

●叔侄间，不啻父子真。（宋朝　方岳）

●西戎甥舅礼，未敢背恩私。（唐朝　杜甫）

●兄弟叔侄，须分多润寡；长幼内外，宜法肃辞严。
（宋朝　朱熹）

智救祖父

　　春秋时期，有个小孩叫孙元觉，他十分孝顺父母，尊敬长辈。可是他的父亲对祖父极不孝顺。

　　一天，父亲忽然想要把病弱的祖父遗弃到深山沟里。元觉哭着求父亲不要这样做。父亲不搭理他，而是把祖父装在竹筐里，背着往深山走去。元觉没有办法，只好跟在父亲的后面走。来到深山沟里，父亲把祖父扔在地上，转身就离开。元觉却一声不吭地背起空竹筐往回走。父亲连忙制止道："这竹筐已经没用了，不用背回去。"元觉没理会父亲，背着竹筐边走边说："我要把它背回去，等你老了，我好用它背你到这儿。"父亲听了，大吃一惊，想到自己年老后，儿子也会这样对待自己，最终回心转意，恭恭敬敬地把

老人背回去，从此十分孝顺他。

孔子听到这个故事后，说："做个孝子，就应该像孙元觉那样。"

bà mā diē niáng
爸—妈，爹—娘；

【注释】

"爸—妈""爹—娘"多用于日常生活中，比较亲切，是口语词。而"爹—娘"相对于"爸—妈"而言更具地方性，是方言词。

【别对】 父—母（父亲—母亲）

【大意】 爸爸妈妈，亲爹亲娘。

爸妈爹娘是人类最亲切的称呼，也是人类最亲密的人。

【反义对举】

● 爸妈爱我，我爱爸妈。

● 要求子孝，先敬爹娘。

● 父母之爱子，则为之计深远。（《战国策》）

chūn xuān kǎo bǐ
椿—萱，考—妣。

【注释】

椿—萱：父亲—母亲。椿：传说中的一种长寿树，比喻父亲。萱：古代指种在北堂使人忘忧的萱草，比喻母亲。

考—妣：先父—先母。考妣原指父母，后多指已死的父母。《礼记》："生曰父曰母曰妻，死曰考曰妣曰嫔。"

【大意】父母好比椿萱。

【反义对举】

●椿萱并茂，兰玉联红。

●考悦妣安，蠲（juān）我德音。（宋朝　宋祁）

●知君此去情偏切，堂上椿萱雪满头。（唐朝　牟融）

xiōng dì jiě mèi
兄 —弟，姐—妹；

【注释】

兄—弟：哥哥—弟弟。

姐—妹：姐姐—妹妹。

兄弟姐妹指有共同父亲或母亲的人。较自己年长的男性为兄，女性为姐。比自己小的男性为弟，女性为妹。最年长的称大哥或大姐，余下按排行次序称呼。

【大意】哥哥弟弟，姐姐妹妹。

【别对】昆—弟（哥—弟）姊—妹（姐—妹）

【反义对举】

●父兄失教，子弟不堪。

●打虎亲兄弟，上阵父子兵。

●姐妹同肝胆，兄弟如骨肉。

娣—姒，妯—娌。

【注释】

娣姒即妯娌，弟兄的妻子之间的关系。《尔雅》："长妇谓稚妇为娣妇，娣妇谓长妇为姒妇。"

【大意】弟妻和兄妻之间的关系就是娣姒或妯娌。

【反义对举】

●子孝亲兮弟敬哥，训贤妯娌事翁婆。（宋朝　邵雍）

●兄弟同心金不换，妯娌齐心家不散。

●奉舅姑以恭孝与名，接娣姒以谦慈作称。

岳—婿，婆—媳；

【注释】

岳—婿：二岳—女婿。岳：岳父和岳母，俗称丈人或
　　　　丈母娘。

婆—媳：婆婆—媳妇。

【大意】二岳女婿，婆婆媳妇。

【别对】原—岳（平原—山岳）公—婆（公公—婆婆）

【反义对举】

● 秤不离砣，公不离婆。

● 迎媳婆母安，得婿岳公喜。

● 婆媳相互争吵，灾难必然不远。

gē sǎo gū zhāng
哥—嫂，姑—嫜。

【注释】

哥—嫂：大哥—大嫂。嫂：哥哥的妻子。

姑—嫜：丈夫的母亲—丈夫的父亲。

【大意】 大哥大嫂，公公婆婆。

【别对】 兄—嫂（哥—嫂）

【反义对举】

● 老哥比父，老嫂比母。

● 妾身未分明，何以拜姑嫜。（唐朝　杜甫）

● 屈己接妯娌，尽心奉舅姑。（元朝　杨奂）

yuān yāng nán nǚ
鸳—鸯，男—女；

【注释】

鸳—鸯：原指兄弟，后来比作夫妻，它们是爱情和美
的象征。

男—女：男人—女人。

【大意】 一对如鸳鸯般的男女伴侣。

【别对】女—士（女子—男子）

【反义对举】

●男大当婚，女大当嫁。

●昔为鸳与鸯，今为参与辰。（《古诗四首》）

●士为知己者死，女为悦己者容。

娶_{qǔ}—嫁_{jià}，婚_{hūn}—姻_{yīn}。

【注释】

娶—嫁：娶入—嫁出。

婚—姻：妇之父母与夫之父母相谓为婚姻。亲家之间，
　　　　女方的父亲叫"婚"，男方的父亲叫"姻"。

【大意】男娶女嫁，结成夫妻。

【反义对举】

●俺满口儿要结姻，他舒心儿不勘婚。（元朝　尚仲
　贤）

●艰危颇得文章力，嫁娶各随儿女缘。（宋朝　仇远）

●嫁女择佳婿，毋索重聘；娶妇求淑女，勿计厚奁。
　（清朝　朱柏庐）

夫_{fū}—妇_{fù}，唱_{chàng}—和_{hè}；

【注释】

夫—妇：丈夫—妻子。

唱—和：倡议—附和。比喻彼此和谐融洽。

【大意】夫妇思想保持一致，家庭才能和谐合力。

【别对】夫—妻（丈夫—妻子） 姑—妇（婆婆—媳妇）

【反义对举】

●结发为夫妻，恩爱两不疑。

●夫贤妇惠家和顺，父慈子孝乐天伦。

●天下之理，夫者唱妇者随。牡者驰牝者逐，雄者鸣
　雌者应。（《关尹子》）

老—少，遗—承。

【注释】

老—少：老年人—年轻人。

遗—承：遗留—继承。

【大意】老一代遗留给少一代继承。

【别对】老—小（老人—小孩） 新—老（新—旧）
　　　　老—嫩（老练—幼稚）

【反义对举】

●少不惜力，老不歇心。

●身承远祖遗，才出众人群。（唐朝 刘长卿）

●老去又逢新岁月，春来更有好花枝。（明朝 陈献
　章）

巧避敌人的盘问

1928年5月，周恩来和邓颖超夫妇从上海乘船到大连。不料轮船在大连刚靠上岸，就遭到驻大连日本水上警察厅警察的盘问。警察从身份开始，一直问到出生年月、职业和去向。周恩来都从容地作了回答。最后警察上下打量着周恩来说："你就是周恩来。"周恩来镇定地指指邓颖超说："她是古玩商，并不是什么周恩来。"警察见这个人连周恩来是男还是女都不清楚，又盘问不出什么，只得把他们放了。

计哄公主

薛万彻是初唐名将之一，他为大唐建朝立下汗马功劳。李世民非常器重他，甚至把亲妹妹丹阳公主许配给他。薛万彻年纪大，言语迟钝，甚至还有点笨，这令年轻的丹阳公主羞愧难当，于是，一连好几个月都不愿与他同席而坐。

唐太宗知道此事后，哈哈大笑，特地为二人置办了一桌盛宴。他还请来其他驸马与薛万彻从容对话。唐太宗还与他进行掰手腕比赛，各以身上所佩的刀为赌注。唐太宗假装失败，便解下身上的佩刀赐给薛万彻。公主大喜，盛宴后，便让他与自己一同坐车回家。

从此，夫妻感情日渐好转。

guǎn guàn lǐ làn
管—惯，礼—滥；

【注释】

管—惯：管束—纵容。

礼—滥：规矩—放肆。《新书》："动有文体谓之礼，
反礼为滥。容服有义谓之仪，反仪为诡。"

【大意】受管教者规矩，受娇纵者恣肆。

【反义对举】

● 礼多则滥。

● 小孩要管不要惯。

● 小时娇惯，大了难管。

xiào niè yǎng shāng
孝—孽，养—伤。

【注释】

孝—孽：孝顺—忤逆。

养—伤：养护—伤害。

【大意】孝子养护父母，不肖之子伤害其亲。

【反义对举】

● 养生以不伤为本。（汉朝 葛洪）

● 孝顺还生孝顺子，忤逆还生忤逆儿。（《增广贤

文》）

● 亲爱利子谓之慈，反慈为嚚；子爱利亲谓之孝，反孝为薵。（汉朝　贾谊）

亲—仇，尊—卑；

【注释】

亲—仇：亲爱—憎恨。

尊—卑：尊贵—卑贱。

【大意】 人往往视亲人为尊贵，视仇人为卑贱。

人的心理现象："爱人者，兼其屋上之乌；不爱人者，及其胥余。"

【别对】 卑—亢（卑下—高傲）

【反义对举】

● 举当仇无避，义在亲则灭。（宋朝　苏颂）

● 外举不避亲，内举不避仇。（《左传》）

● 礼逾其制，则尊卑乖；乐失其序，则亲疏乱。（《隋书》）

恩—怨，爱—恨。

【注释】

恩—怨：恩爱—仇恨。多偏指仇恨。

爱—恨：喜爱—憎恨。爱：对人或事物有真挚的情感。

【大意】恩惠容易产生亲爱，怨恨容易滋生不满。

【别对】恩—仇；爱—恶；爱—憎。

【反义对举】

● 好恶随所爱憎。（三国　曹植）

● 爱之深，恨之切。

● 穷通竟安在，恩怨两皆平。（宋朝　陆游）

chéng zhà xìn wěi
诚 —诈，信—伪；

【注释】

诚—诈：诚实—欺诈。

信—伪：诚实—虚伪。

【大意】诚实守信，虚伪欺诈。

【别对】诚、实、信、真—伪、假、诈、诬

【反义对举】

● 夫诈则乱，诚则平。（汉朝　刘向）

● 廉者憎贪，信者疾伪。（唐朝　陈子昂）

● 上贤下不肖，取诚信去诈伪。（先秦　姜子牙）

gōng ào jìng màn
恭 —傲，敬—慢。

【注释】

恭—傲：恭敬—傲慢。着重在外貌方面。

敬—慢：尊重—怠慢。着重在内心方面。

"慢"在古代，特别是上古一般不表示速度。

【大意】恭敬而尊重他人，傲慢而鄙视他人。

【别对】恭—倨（恭敬—傲慢）　恭—媟（恭敬—轻慢）

　　　　敬—侮（恭敬—轻慢）　快—慢（迅速—缓慢）

【反义对举】

●交友慢，失友快。

●自敬则人敬之，自慢则人慢之。（明朝　薛瑄）

●人情世故看烂熟，皎不如污恭胜傲。（明朝　杨基）

东方朔计救乳娘

西汉时期，汉武帝刘彻讨厌喂大自己的乳娘，嫌她啰唆，好管闲事，决定要把她杀掉。

乳娘急忙向东方朔求救，东方朔说："皇上独断专横，若别人去劝他，反而会坏事。这样吧，当你与皇上辞别时，你只须不时地回头看皇上，我就有办法了。"

在行刑的路上，乳娘按东方朔的指示去做，不时地回头看汉武帝。站在汉武帝身边的东方朔对她说："乳娘，你应该赶快离开这里，现在皇上已经长大成人了，难道还会惦记你用自己的乳汁哺育他时的恩惠吗？"

汉武帝听了，流露出悲伤的情感，于是把乳娘放了。

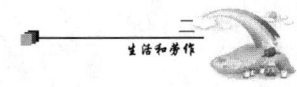

苏东坡题对联

苏东坡是宋朝著名的文学家。有一次他在游莫干山时，突遇大雨便躲到小寺中。

寺中住持见来了个落魄的陌生人，就傲慢地说："坐。"又对小和尚喊："茶。"两人交谈后，住持发现对方脱口珠玑，不同凡响，就请客人入厢房叙谈。

进厢房后，住持客气地说："请坐。"又叫小和尚："上茶。"再一打听，方知对方竟然是大名鼎鼎的苏东坡！

他连忙将苏东坡引到客厅里，恭敬地说："请上坐！"然后吩咐小和尚："上好茶！"借这个千载难逢的机会，住持请苏东坡题字。

于是，苏东坡挥笔写下了一副对联："坐，请坐，请上坐；茶，上茶，上好茶"

泰—骄，谦—满；
<small>tài　jiāo　qiān　mǎn</small>

【注释】

泰—骄：舒泰—骄横。泰：安宁、傲慢。

谦—满：谦虚—骄傲。

【大意】 平和谦虚，骄傲自满。

【别对】 满—空（盈满—亏空）谦—傲（谦虚—骄傲）

【反义对举】

● 谦受益，满招损。（《尚书》）

● 君子泰而不骄，小人骄而不泰。（先秦　孔丘）

● 谦者，众善之基；傲者，众恶之魁。（明代　王守仁）

tián　mǐn　róng　pò
恬—悯，容—迫。

【注释】

恬—悯：安然—忧愁。

容—迫：从容—急迫

【大意】 安然从容，忧愁急迫。

【反义对举】

● 公独安其常，容与不可迫。（宋朝　彭龟年）

● 凡人之性，乐恬而憎悯，乐逸而憎劳。（汉朝　刘安）

● 迫而容之，利而诱之，乱而取之，卑而骄之，亲而离之，强而弱之。（三国　诸葛亮）

zhǔ　kè　yíng　sòng
主—客，迎—送；

【注释】

主—客：主人—宾客。引申为支配者与被支配者。

迎—送：迎接—送别。

【大意】主人客人，迎来送往。

【别对】主—宾；主—副；主—次；主—从；主—奴；
　　　　送—取；送—收；迓—送（迎—送）

【反义对举】

●来有迎声，走有送声。

●好客主人多，主雅客来勤。

●迎送远近通达道，进退迅速游逍遥。

nǐ　wǒ　féng　bié
你—我，逢—别。

【注释】

你—我：对方—自己。

逢—别：相逢—辞别。

【大意】天下没有不散的宴席，你我相逢之后终究要
　　　　分别。

【别对】尔—我（你—我）人—我（他人—自己）
　　　　汝—我（你—我）敌—我（敌人—自己）

【反义对举】

●天知地知，你知我知。

●我为人人，人人为我。

●别家逢逼岁，出塞独离群。（唐朝　岑参）

聚—散，合—离；

【注释】

聚—散：聚集—分散。

合—离：结合—分离。

【大意】 人之间难免聚合离散。

【别对】 集—散；骈—散；离—附；离—留；

即—离；分—合；拆—合；忤—合。

【反义对举】

●同床异梦，貌合神离。

●须臾聚散，人生真信如客。（宋朝　沉瀛）

●仁人之兵，聚则成卒，散则成列。（先秦　荀况）

取—舍，留—去。

【注释】

取—舍：选择—舍弃。

留—去：留下—离去。

【大意】 纠结在留取和舍去之间。

【别对】 存—取；予—取（赠予—掠取）

舍—得；取—弃（夺取—放弃）

【反义对举】

●合则留，不合则去。（宋朝　苏轼）

●物来则应，物去不留。

●利于性则取，害于性则舍。（《吕氏春秋》）

rén — jǐ　ěr — wú
人—己，尔—吾；

【注释】

人—己：别人—自己。

尔—吾：你—我。

【大意】别人和自己，你和我。

【别对】吾—汝（我—你）

【反义对举】

●吾为尔先生，尔为吾弟子。（唐朝　白居易）

●己欲立而立人，己欲达而达人。（《论语》）

●察己则可以知人，察今则可已知古。 （《吕氏春
　秋》）

qún — dú　lín — gū
群—独，邻—孤；

【注释】

群—独：成群—单独。

邻—孤：邻伴—孤独。

【大意】成群有邻伴，自独成单孤。

【别对】群—党（合群—私党）

　　　　孤—独（少而无父—老而无子）

【反义对举】

● 群居不倚，独立不惧。（宋朝　苏轼）

● 君子群而不党，小人党而不群。（先秦　孔丘）

● 德不孤兮必有邻，唱和之契冥相因。（南朝　谢灵运）

tóng sǒu yòu zhǎng

童—叟，幼—长；

【注释】

童—叟：小孩—老人。童：未成年的孩子。叟：年老
　　　　的男子。

幼—长：年幼—年长。

【大意】 儿童老人，小孩大人。

【别对】 幼—老（幼童—老人）

长、大—幼、小、少

【反义对举】

● 买卖公平，童叟无欺。

● 选士用能，不拘长幼。（《三国志》）

● 老吾老以及人之老，幼吾幼以及人之幼。（先秦
　　孟轲）

wēng yù guān guǎ

翁—妪，鳏—寡。

【注释】

翁—妪：老夫—老妇。多指老年夫妇。

鳏—寡：老而无妻—老而无夫。

【大意】老夫老妇，鳏夫寡妇。

【别对】寡—众（少—多）矜—寡（鳏—寡）

【反义对举】

●得道者多助，失道者寡助。（先秦　孟轲）

●鳏寡不敢侮，俊义（注：贤才）斯可知。（宋朝
　方回）

●天生男女共一处，但得两个成翁妪。（《乐府诗
　集》）

师旷论学

　　师旷是春秋时期晋国著名的乐师，也是一位杰出的政治活动家。

　　有一次，晋平公邀请他到宫中演奏。期间，晋平公对他说："我已经七十岁了，想要学习，恐怕为时已经晚了。"

　　师旷回答说："为什么不把蜡烛点燃呢？"平公严肃地说："哪有做臣子的来戏弄君主呢？"

　　师旷说："我是一个双目失明的人，怎么敢戏弄君主呢！我曾听说，少年时喜欢学习，就像初升太阳的光芒一样；中年时喜欢学习，就像正午太阳的光线

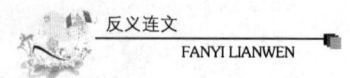

一样；晚年时喜欢学习，就像点蜡烛一样光亮，秉烛走路和暗中走路哪个好呢？"

平公说："讲得好啊！"

破镜重圆

南北朝时期，陈国公主乐昌与丈夫徐德言十分恩爱。

但当时，隋陈两国正在交战。他们都预感到前途不妙，于是，将一枚铜镜一劈为二，双方各藏半片，相约在元宵节时到隋都佯装出售破镜，借以寻找对方。

不久，他们在战乱中失散，公主被杨素纳为妾。到期日，徐德言在隋都集市上巧遇一名正在卖半面铜镜的仆人。夫妻二人因此知道各自的下落，但是无法相见。

杨素知道此事后，被他们的爱情所打动。于是，他派人找来了徐德言，让他们夫妻团圆。

piāo bó bá shè
漂—泊，跋—涉；

【注释】

漂—泊：漂流—停泊。表示为生活所迫到处奔走，居
　　　　无定所。

跋—涉：爬山—涉水。形容旅途艰苦，也可以比喻事
　　　业方面的艰辛。

【大意】漂泊在外，跋山涉水。

【别对】序—跋（引叙—后序）

【反义对举】

●抑扬中散曲，漂泊孝廉船。（唐朝　温庭筠）

●祖国陆沉人有责，天涯漂泊我无家。（清朝　秋瑾）

●客路何时无跋涉？世情随处有艰难。（元朝　王冕）

仆—偃，蹶—振。
^{pū　yǎn　jué　zhèn}

【注释】

仆—偃：前仆—后偃。

蹶—振：受挫—提振。

【大意】前仆而后偃，摔倒后奋起。

【别对】偃—仰（前仆—后仰）

【反义对举】

●迎风则偃，背风则仆。（《吴越春秋》）

●少年正该凌云壮志，怎能一蹶不振！

●少林松柏俱修伟，不似岳庙偃仆盘曲。（明朝　徐
　霞客）

夙—夜，兴—寐；

【注释】

夙—夜：早—晚。

兴—寐：起床—睡觉。

【大意】早起晚睡。

【别对】兴—替（兴—废）兴—衰（兴起—衰落）

寐—寤（醒—睡）兴—亡（兴盛—衰亡）

【反义对举】

●夙兴夜寐，洒扫庭内。（《诗经》）

●窈窕淑女，寤寐求之。（《诗经》）

●以铜为镜，可以正衣冠；以古为镜，可以知兴替；
以人为鉴，可以明得失。（唐朝　李世民）

起—居，行—止。

【注释】

起—居：起身—睡觉，起立—蹲下。指日常生活作息。

行—止：行步—止息，行动—停止。指行动或行踪。

【大意】起而行步，居而止息。

【别对】起—讫；起—止；言—行；停—行。

【反义对举】

●行于所当行，止于所当止。（宋朝　苏轼）

● 言称智信文毋害，体具真行笔不停。（宋朝　苏颂）

● 士不选练，卒不服习，起居不精，动静不集。（汉朝
班固）

cái　féng　yī　shang
裁 — 缝，衣 — 裳；

【注释】

裁 — 缝：裁剪 — 缝补。

衣 — 裳：上衣 — 下衣。古时上曰"衣"，下曰"裳"。

【大意】裁剪和缝补衣裳。

【反义对举】

● 出处两相因，如彼衣与裳。（唐朝　王建）

● 要学种瓜亲手栽，要学缝衣亲手裁。

● 云想衣裳花想容，春风拂槛露华浓。（唐朝　李白）

jì　jiě　chuān　tuō
系 — 解，穿 — 脱。

【注释】

系 — 解：系结 — 解开。

穿 — 脱：穿上 — 脱下。

【大意】试衣要先系结穿好，然后解开脱掉。

【别对】缚 — 脱；着 — 脱；解 — 结（解决 — 纠葛）
　　　　绑 — 解；包 — 解；裹 — 解（包裹 — 打开）

【反义对举】

●脱我战时袍，著我旧时裳。（《木兰诗》）

●热不马上脱衣，冷不马上穿棉。

●虎项金铃谁去解，解铃还须系铃人。

一切都将重新开始

1914 年，一场大火，把爱迪生费尽大半财力才建好的实验室烧成一片废墟。

他一生的研究心血也几乎都付之一炬。他的老伴难过地说："多少年的心血，让一场火烧了个精光。而今你已年迈力衰，这可怎么办啊！"

爱迪生也很伤心，但他决不会由此趴下。发明电灯时，他就先后试验了七千多种材料，失败了八千多次，仍不气馁，最终获得成功。眼下这场大火也同样不会让他倒下。他对老伴说："不要紧，别看我年纪大，可是我并不老。从现在起，一切都将重新开始。"

不久，一座崭新的实验室又重新建立起来了。

解铃还须系铃人

南唐时期，金陵清凉寺有位法灯和尚，生性豪放不羁，寺内和尚大都看不起他，唯独住持法眼禅师对

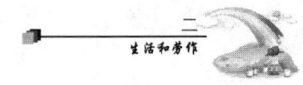

他非常器重。

有一次，法眼禅师问寺内众和尚："谁能够把系在老虎脖子上的金铃解下来?"大家沉思良久，都答不出来。

这时法灯恰好从外面回来，法眼就请他回答。法灯不假思索地回答说："那个把金铃系到老虎脖子上的人，能够把金铃解下来。"

众和尚听了恍然大悟，都钦佩法灯的才智，此后再也没有人敢轻视他了。后来人们用"解铃系铃"或"解铃还须系铃人"，比喻谁惹出的事情，仍须由谁去解决。

《红楼梦》第九十回写道："心病终须心药治，解铃还须系铃人。"

kāi guān qǐ fēng
开—关，启—封；

【注释】

开—关：打开—关闭。后指电器装置上接通和断截电
　　　路的设备。

启—封：开启—封闭。表示开拆封闭物。

【大意】 打开启用，关上封闭。

【别对】 开—闭；开—封；开—缄；开—合；

开—停；开—落；开—谢；启—闭。

【反义对举】

●开门揖盗，关门打狗。

●吊哭新居启，封题旧箧存。(宋朝　梅晓臣)

●利天下者，天下启之；害天下者，天下闭之。(《六韬》)

_{tuī} _{lā} _{chū} _{rù}
推—拉，出—入。

【注释】

推—拉：推出—拉进。

出—入：出去—进入。表示差错或不一致。

【大意】 推而出去，拉而进入。

【别对】 推—就；出—没（涌出—埋没）

　　　　　进—出；出—处（行—止；出仕—隐退）

【反义对举】

●病从口入，祸从口出。(晋朝　傅玄)

●宁拉人十把，不推人一下。

●道义苟契合，出处无阻遥。(宋朝　苏颂)

推拉门的妙用

爱迪生是世界闻名的发明大王。

有一次一个朋友来看他，费了好大的力气才把门

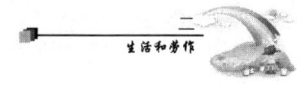

推开和关上。

客人向他抱怨说："你这门也太紧了，竟让我使出一身汗来。"

爱迪生笑着说："谢谢，你刚才有力的推、拉已经为我的水箱压进了十升水。"

小和尚的故事

从前，在一座山上有座庙，庙里住着两个和尚，一老一小。

有一次，老和尚请小和尚吃双层年糕，他要小和尚把两块年糕夹在一起吃。当小和尚吃得正香时，老和尚突然问他："双层年糕是上层的好吃，还是下层的好吃？"小和尚放下筷子，拍着手，笑着说："这就是答案。"

老和尚感到莫名其妙，小和尚反问他："你说我在拍手时，是左手声音响亮，还是右手声音响亮？"老和尚听后哈哈大笑。

老和尚不甘心失败，他站在台阶上抬起脚，问小和尚："你说我是要上台阶，还是要下台阶呢？"小和尚没有马上回答，他走到门前，把一只脚踩在门外，另一只脚跨在门槛上，问老和尚："你说我是要进门，

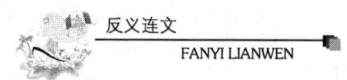

还是要出门?"老和尚听了，只好承认自己又输了。

<ruby>凿<rt>záo</rt></ruby>—<ruby>枘<rt>ruì</rt></ruby>，<ruby>枢<rt>shū</rt></ruby>—<ruby>环<rt>huán</rt></ruby>；

【注释】

凿—枘：卯眼—榫头。比喻互相投合。

枢—环：中心—四周。枢：门轴，引申为重要的部分；

环：圆形之物，引申为四周。

【大意】 凿枘契合匹配，枢环配合自如。

【反义对举】

●榫头对不上卯眼。

●轮辕呈曲直，凿枘取方圆。（唐朝 元稹）

●枢始得其环中，以应无穷。（先秦 庄周）

<ruby>户<rt>hù</rt></ruby>—<ruby>牖<rt>yǒu</rt></ruby>，<ruby>锁<rt>suǒ</rt></ruby>—<ruby>钥<rt>yào</rt></ruby>。

【注释】

户—牖：门—窗。

锁—钥：门锁—钥匙。借指军事要地。

【大意】 门窗和钥锁。

锁好门窗，管好钥匙。

【反义对举】

●一把钥匙，开一把锁。

● 只开新户牖，不改旧风烟。（唐朝　白居易）

● 洞门无锁钥，俗可曾来。（唐朝　韩愈）

chéng　xiāng　shì　jiāo
城 — 乡 ，市 — 郊 ；

【注释】

城—乡：城市—乡村。

市—郊：市区—郊区、都市—郊野。

【大意】 城镇都市，乡村郊野。

　　　　　城乡结合，市郊交通。

【别对】 沽—市（卖—买）城—郊（城市—郊区）

【反义对举】

● 市民郊游，其乐无穷。

● 一根扁担五尺长，城乡交流架桥梁。

● 城中蝶巷接蓬头，郊外鱼台连漆园。（宋朝　苏颂）

qiān　mò　háng　liè
阡 — 陌 ，行 — 列 。

【注释】

阡：田间南北走向的小路。陌：田间东西走向的小路。

　　阡陌泛指道路。

行—列：横排—竖排。

【大意】 道路纵横交错，并然有序。

【反义对举】

●大雁飞成行，止成列。

●游子久不归，不识阡与陌。（三国　曹植）

●左右冈兼阜，纵横陌与阡。（宋朝　苏颂）

féi   qiāo   wò   jí
肥—硗，沃—瘠；

【注释】

肥—硗：肥沃—瘠薄。分别用来形容土质含营养多和
　　　　少。硗：地坚硬不肥沃。

沃—瘠：肥沃—贫瘠。分别用来形容土地肥和贫。

【大意】肥地沃野，贫地荒芜。

【反义对举】

●食鱼要肥，食肉要瘦。

●沃瘠异壤，舒惨殊时。（南朝　宋孝武帝）

●田有良薄，土有肥硗，耕农之事，粪壤为急。（元朝
　王祯）

jià   sè   zāi   fá
稼—穑，栽—伐。

【注释】

稼—穑：种植—收割。泛指农业生产。

栽—伐：栽种—砍伐。

【大意】种植栽种，收割砍伐。

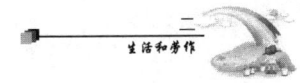

【反义对举】

●多栽树，少伐木。

●勤力稼穑，勿致荒芜。（《东周列国志》）

●不稼不穑，胡取禾三百廛兮？不狩不猎，胡瞻尔庭
　有县貆兮？（《诗经》）

_{wā} _{tián} _{jué} _{mái}
挖—填，掘—埋；

【注释】

挖—填：掏出—塞进。

掘—埋：发掘—埋藏。

【大意】（植树耕种）挖土深掘，填土浅埋。

【别对】 挖、掘—填、埋

【反义对举】

●自家掘坑自家埋。

●挖人家墙角，填自家缺口。

●幽埋力须掘，遗落赀必购。（唐朝　陆龟蒙）

_{jiē} _{yǎn} _{xiān} _{gài}
揭—掩，掀—盖。

【注释】

揭—掩：揭露—掩护。

掀—盖：掀开—遮蔽。

【大意】 白天气温高要及时揭开掀起，晚上气温低要

及时遮掩铺盖。

【别对】揭—盖；揭—贴；铺—盖。

【反义对举】

● 不掩人之德，不揭人之私。

● 天明风发屋，飞盖怯掀弄。（宋朝　李流谦）

● 掀起你的盖头来，让我看看你的脸。

挖填河渠，巧修皇宫

宋真宗祥符年间宫内失火，皇宫被毁，一片废墟。宋真宗命令晋国公丁谓去负责修建。

丁谓考察现场之后，觉得有三大问题最棘手。一是用土问题，若要到郊区去取土，路途太远。二是建材问题，外来建材要经过二次运输后才能到达建筑工地，而当时的运输只能先把材料运到汴河，然后再用车马把它们运到工地。三是垃圾问题，皇宫废墟和建筑垃圾还要运到远处去填埋。可见，这项工程非常浩大，困难是可想而知。

经过系统研究之后，丁谓想到了一个一举三得的办法，首先命令大家在皇宫的大街上挖开一条深沟，把挖出的土作为建筑施工用，这样就不必到远处去取土了。其次是将汴河的水引入深沟中，深沟变成了人工运河，这样大批的外来建材就可以源源不断地直接运到工地上。当皇宫修建完毕后，丁谓再叫大家将这些建筑垃圾回填到人工运河中，恢复了原来皇宫内大街的面貌。这样，在丁谓有效的组织管理下，不仅节省了一大笔国家财政开支，还大大地缩短了工程的期限。

cāo zòng chí zhì
操—纵，持—置；

【注释】

操—纵：收—放，取—舍。后转指控制掌握。

持—置：拿—放。

【大意】做事有分寸，既能掌握把持，也能放下舍弃。

【别对】纵—横（南北—东西）

【反义对举】

●纵有千古，横有八荒。（清朝　梁启超）

●待我持斤斧，置君为大琛。（唐朝　元稹）

●诗篇当有操纵，不可拘用一律。（宋朝　苏轼）

zhù zhuó tái yā
注—酌，抬—压。

【注释】

注—酌：注入—倒出。

抬—压：抬高—压低。

【大意】（水）注入则抬高，倒出则压低。

【别对】酌—定（斟酌—决定）

【反义对举】

●抬死人压活人。

●有理者压三分，无理者抬三分。

●注焉而不满，酌焉而不竭，而不知其所由来，此之谓葆光。（先秦 庄周）

jiǎn diū shí qì
捡—丢，拾—弃；

【注释】

捡—丢、拾—弃：捡拾—丢弃。

【大意】捡拾有用的部分，丢弃无用的部分。

【别对】拾—扔（拾取—扔弃）

【反义对举】

●捡了芝麻丢了西瓜。

●不言败，重拾信心不轻弃。

●捃荼茹蕙者必无识甘之口；弃琼拾砾者必无甄珍之明。（晋朝 葛洪）

pīn chāi zhuāng xiè
拼—拆， 装 —卸。

【注释】

拼—拆：拼合—拆开。

装—卸：装配—拆卸。

【大意】拼合装配，拆开卸掉。

【别对】拆—建（拆除—修建）装—拆（安装—拆卸）

【反义对举】

●小拼大，大拆小。

●卸得多，装得多。

●城乡拆旧建新，旧貌换新颜。

正文及大意

祖孙父子，舅甥叔侄

祖父子孙三代人。长辈舅舅叔叔，晚辈外甥侄子。

爸妈爹娘，椿萱考妣

爸爸妈妈，亲爹亲娘。父母好比椿萱。

兄弟姐妹，娣姒妯娌

哥哥弟弟，姐姐妹妹。弟兄之妻互称娣姒或妯娌。

岳婿婆媳，哥嫂姑嫜

二岳女婿，婆婆媳妇。大哥大嫂，公公婆婆。

鸳鸯男女，娶嫁婚姻

一对如鸳鸯般的男女伴侣。男娶女嫁，结成夫妻。

夫妇唱和，老少遗承

夫妇思想保持一致，家庭才能和谐合力。老一代

遗留给少一代继承。

管惯礼滥，孝孽养伤

受管教者规矩，受娇纵者恣肆。孝子养护父母，不肖之子伤害其亲。

亲仇尊卑，恩怨爱恨

人往往视亲人为尊贵，视仇人为卑贱。恩惠容易产生亲爱，怨恨容易滋生不满。

诚诈信伪，恭傲敬慢

诚实的人坚守信用，虚伪的人信奉欺诈。恭敬的人尊重他人，傲慢的人鄙视他人。

泰骄谦满，恬悯容迫

平和的人谦虚，骄傲的人自满。安然的人行事从容，忧愁的人行事急迫。

主客迎送，你我逢别

主人客人，迎来送往。天下没有不散的宴席，你我相逢之后终究要分别。

聚散合离，取舍留去

人之间难免聚合和离散，纠结在留取和舍去之间。

人己尔吾，群独邻孤

别人和自己，你和我。成群有邻伴，自独成单孤。

童叟幼长，翁妪鳏寡

儿童老人，小孩大人。老夫老妇，鳏夫寡妇。

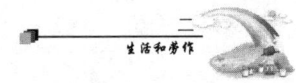

漂泊跋涉，仆偃蹶振

漂泊在外，跋山涉水。前仆而后偃，摔倒后奋起。

夙夜兴寐，起居行止

早起晚睡。起身之后立即行动，上床之后停止一切。

裁缝衣裳，系解穿脱

裁剪、缝补上衣和下裳。试衣要先系结穿好，然后解开脱下。

开关启封，推拉出入

打开启用，关上封闭。推而出去，拉而进入。

凿枘枢环，户牖锁钥

凿枘契合匹配，枢环配合自如。锁好门窗，管好钥匙。

城乡市郊，阡陌行列

城镇都市，乡村郊野。道路纵横交错，井然有序。

肥硗沃瘠，稼穑栽伐

肥地沃野，贫地荒芜。种植栽种，收割砍伐。

挖填掘埋，揭掩掀盖

（植树耕种）挖土深掘，填土浅埋。白日气温高要及时揭开掀起，晚上气温低要及时遮掩铺盖。

操纵持置，注酌拾压

做事有分寸，既能掌握把持，也能放下舍弃。

（水）注入则抬高，倒出则压低。

捡丢拾弃，拼拆装卸

捡拾有用的部分，丢弃无用的部分。拼合装配，拆开卸掉。

sān　jīng jì hé mín sú

三　经济和民俗

gōng　xū　chǎn　xiāo

| 供 | 需 | 产 | 销 |

gòu　shòu　mǎi　mài

| 购 | 售 | 买 | 卖 |

dí　tiào　pī　líng

| 籴 | 粜 | 批 | 零 |

zū　diàn　zhēng　jiǎo

| 租 | 佃 | 征 | 缴 |

dàng　shú　jiè　dài

| 当 | 赎 | 借 | 贷 |

rèn　lài　huán　tǎo

| 认 | 赖 | 还 | 讨 |

niú	xióng	fēi	duò
牛	熊	飞	堕

shēng	diē	hóng	lù
升	跌	红	绿

qín	lǎn	máng	xián
勤	懒	忙	闲

tóu	bào	zǎn	huā
投	报	攒	花

shōu	zhī	yú	chù
收	支	余	绌

sǔn	yì	péi	zhuàn
损	益	赔	赚

jié	mí	shěng	fèi
节	靡	省	费

lìn	shē	jiǎn	chǐ
吝	奢	俭	侈

fēng kuì ráo fá

丰 匮 饶 乏

shī liǎn yǔ duó

施 敛 予 夺

shòu shòu zèng dá

授 受 赠 答

qìng diào zhù zǔ

庆 吊 祝 诅

pín fù jiàn guì

贫 富 贱 贵

qióng dá yāo shòu

穷 达 夭 寿

ràng zhēng xiáng yāng

让 争 祥 殃

qū bì jí xiōng

趋 避 吉 凶

huò　fú　jué　lián

| 祸 | 福 | 绝 | 连 |

yāo　ruì　duàn　xù

| 妖 | 瑞 | 断 | 续 |

gōng　xū　chǎn　xiāo

供—需，产—销；

【注释】

供—需：供给—需求。

产—销：生产—销售。

【大意】 供给需求，生产销售。

【别对】 供—求（供给—需求）供—销（供应—销售）

【反义对举】

●供需平衡，产销两旺。

●凡物供过于求则贱，求过于供则贵。（民国　孙中山）

●互济有无需贸易，广交朋友促供销。

gòu　shòu　mǎi　mài

购—售，买—卖。

【注释】

购—售：采购—推销。

买—卖：买入—卖出。

【大意】采购买入，推销卖出。

【别对】买—鬻（买—卖）

【反义对举】

●有买有卖，就成买卖。

●货买迎头涨，货卖迎头落。

●坐贾行商贵在活，购货售货贵在速。

籴_{dí}—粜_{tiào}，批_{pī}—零_{líng}；

【注释】

籴—粜：买米—卖米。引申为买入和卖出。

批—零：批发—零售。

【大意】买入卖出，批零兼营。

【别对】零—整（零碎—完整）

【反义对举】

●厂家直销，批零兼售。

●拆整卖零，拆双卖单。

●籴贱兼粜贵，凶年翻大喜。（唐朝 吴融）

租_{zū}—佃_{diàn}，征_{zhēng}—缴_{jiǎo}。

【注释】

租—佃：出租—承佃。租：租用、出租。

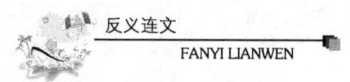

征—缴：征收—缴纳。

【大意】出租方征收租金，承佃方缴纳租金。

【别对】征—纳（征收—交纳）

【反义对举】

● 征税有法依，缴税自清明。

● 衙舍成丘墟，佃种输租粮。（清朝　吴伟业）

● 桑柘废来犹纳税，田园荒后尚征苗。（唐朝　杜荀
　　鹤）

有没有市场

　　有两名推销员到南太平洋某岛国去推销鞋子，到达后发现这里的居民没有穿鞋的习惯。于是，一名推销员给公司拍了一份电报，称岛上的居民不穿鞋，这里没有市场，随即打道回府。而另一名推销员给公司的电报则称，这里的居民不穿鞋，但市场潜力很大，有待于开发。他让公司先运些鞋来免费赠送给当地的酋长，并告诉他们穿鞋的方法和好处。当地人逐渐地认识到穿鞋的方法和好处，穿鞋的人也就逐渐地多起来了。这样，该推销员通过自己的努力，打破了当地的传统习俗，开辟了一个蓝海世界。

苏颂释放欠债人

　　苏颂是宋朝的名臣，杰出的科学家、药物学家和

诗人。苏颂在杭州任知州时，吴越一带发生了饥荒。在一次外出巡视路上，遇到灾民百人苦诉说："我们因为拖欠官府的银钱，转运司责令我们立即偿还，否则将我们关进牢房里，这样我们就更无法还债了。"苏颂对他们说："这样吧，我现在把你们都释放了，让你们去做生意，赚到的钱，除了扣除基本生活费外，余钱全部偿还官债，并且在约定的期限内偿清，怎么样？"这些人都非常感激，不敢辜负知州对他们的信任，到了规定的期限全都还清了官债。

dàng shú jiè dài

当—赎，借—贷；

【注释】

当—赎：典当—赎回。

借—贷：借款—贷款、借方—贷方。贷：借入、借出。

【大意】 典当后借款，赎回先还贷。

【别对】 赎—押（赎回—押当）　贳—贷（借—贷）

借—还（借款—还款）

【反义对举】

●卖书赎当，借当买书。（清朝　姚元之）

●借富以贷贫，穷哉已非计。（元朝　杨维桢）

●贳贷卖买贩肆便，资货市赢匹幅全。（汉朝　史游）

rèn　lài　huán　tǎo

认—赖，还—讨。

【注释】

认—赖：承认—抵赖。

还—讨：归还—追讨。

【大意】 认账要按时还钱，赖账要尽快追讨。

【反义对举】

●讨价还价是买卖。

●厚颜无耻，死赖不认。

●漫天讨价，就地还钱。

niú　xióng　fēi　duò

牛—熊，飞—堕；

【注释】

牛—熊：牛市—熊市。

飞—堕：飞涨—坠落。

【大意】 牛市飞涨，熊市坠落。

【反义对举】

●飞得高，堕得重。

●牛市贵势，熊市贵质。

●堕情者醉其芳馨，飞想者赏其神骏。（宋朝　李清
　照）

shēng diē hóng lù
升 —跌，红 —绿。

【注释】

升—跌：上升—下跌。

红—绿：红色—绿色。

【大意】 升跌分别用红色和绿色表示，红色代表上升，
绿色代表下跌。

【别对】 红—黄（红色—黄色） 红—白（红色—白色）
红—黑（红色—黑色）

【反义对举】

●上升的极点便是下跌。

●知否？知否？应是红肥绿瘦。（宋朝 李清照）

●处处红花红处处，重重绿树绿重重。

qín lǎn máng xián
勤 —懒，忙 —闲；

【注释】

勤—懒：勤劳—懒惰。

忙—闲：繁忙—空闲。

【大意】 勤快的人忙碌，懒惰的人悠闲。

【别对】 勤—惰（勤劳—懒惰）

【反义对举】

●闲时练，忙时用。

●勤为发家本，懒是败家苗。

●勤则家起，懒则家倾；俭则家富，奢则家贫。（唐朝宋若莘）

tóu　bào　zǎn　huā
投—报，攒—花。

【注释】

投—报：投入—回报。

攒—花：攒钱—花钱。

【大意】有投入才能攒钱，有回报才有钱花。

【反义对举】

●投之以桃，报之以李。

●投我以木桃，报之以琼瑶。（《诗经》）

●攒钱难于针挑土，花钱易似水推沙。

shōu　zhī　yú　chù
收—支，余—绌；

【注释】

收—支：收入—支出。

余—绌：有余—不足。

【大意】收入有余，支出不足。

　　　　收支相抵，算出余绌。

【别对】收—发（收入—发出）　收—放（收紧—放松）

　　　　余—缺（多余—缺少）　种—收（播种—收获）

【反义对举】

●量入为出，收支平衡。

● 去奢尚俭，计算细余。

● 调剂余缺，互通有无。

损—益，赔—赚 。
sǔn yì péi zhuàn

【注释】

损—益：减—增，损失—收益，坏处—好处。

赔—赚：亏—赢。

【大意】 有损失就会赔钱，有收益就会赚钱。

【别对】 益—害；损—补；蚀—赚（折—赚）

【反义对举】

● 相益相亲，相损则疏。（先秦　姜子牙）

● 刻薄不赚钱，忠厚不折本。

● 种地有旱有涝，做买卖有赚有赔。

节—靡，省—费；
jié mí shěng fèi

【注释】

节—靡：节俭—奢靡。

省—费：节约—浪费。

【大意】 节约省用，奢靡浪费。

【反义对举】

● 俭节则兴，奢靡则衰。

● 费弗过适谓之节，反节为靡。（汉朝　贾谊）

●费力的机械省距离，省力的机械费距离。

lìn shē jiǎn chǐ
吝—奢，俭—侈。

【注释】

吝—奢：顾惜—过分，吝惜—浪费。

俭—侈：节俭—奢侈。

【大意】顾惜崇尚节俭，过分反成浪费。

【别对】俭—奢（节俭—奢侈）

【反义对举】

●施而不奢，俭而不吝。（《颜氏家训》）

●君王崇俭化邦家，禁掖承恩绝泰奢。（宋朝　苏颂）

●俭则约，约则百善俱兴；侈则肆，肆则百恶俱纵。

　（清朝　金缨）

宋太祖戒奢崇俭

　　宋太祖赵匡胤消灭后蜀之后，有人将后蜀皇帝孟昶用七彩宝石装饰的尿壶送给他。赵匡胤生气地将它摔碎了，说："用七彩宝石来装饰尿壶，那又该用什么东西来装粮食呢？这样的奢侈腐化，不亡国才怪呢！"

　　永康公主穿着一件贴绣铺翠的短袄入宫，太祖见了，十分不快，他对女儿说："你把这件衣服给我，你生长在皇家不应开此奢华之端。"公主不以为然地笑道："这点儿翠羽能值几个钱?"赵匡胤说："可不能这么说,你穿了这种衣服,皇亲国戚会效仿你,这样翠羽的价格必会飞涨,商家为赚钱必会用高价到处收购,那天下的翠鸟还有活命吗?"公主听后深受感动。

这话传出皇宫后,文武百官更不敢轻举妄动了。由于赵匡胤平定天下后,仍然崇尚节俭,反对奢侈,从而为宋朝奠定了坚实的基础。

丰—匮,饶—乏;
<small>fēng　kuì　ráo　fá</small>

【注释】

丰—匮:丰富—匮乏。

饶—乏:富饶—贫瘠。

【大意】丰裕富饶,匮乏贫瘠。

【别对】丰—薄(丰厚—刻薄) 丰—歉(丰收—歉收)

【反义对举】

●图匮于丰,防俭于逸。(晋朝　潘岳)

●料人民多少、饶乏、有余不足几何? (先秦　鬼谷子)

●待人要丰,自奉要薄;责己要厚,责人要薄。(清朝　陈弘谋)

shī liǎn yǔ duó
施—敛，予—夺。

【注释】

施—敛：布施—收敛。

予—夺：给予—剥夺。

【别对】与—夺（给予—剥夺）

【大意】布施给予，暴敛掠夺。

【反义对举】

●施取其厚，敛取其薄。（先秦 孔丘）

●夺然后予，高然后下，怒然后喜，天下可举。（先秦 管仲）

●利而勿害，成而勿败，生而勿杀，与而勿夺，乐而勿苦，喜而勿怒。（先秦 姜尚）

shòu shòu zèng dá
授—受，赠—答；

【注释】

授—受：交付—接受。

赠—答：赠送—酬答。

【大意】交付赠送，接受酬答。

【别对】问—答（提问—回答）

【反义对举】

●男女授受不亲。（先秦 孟轲）

- 情往似赠，兴来如答。（南朝 刘勰）
- 问余何意栖碧山，笑而不答心自闲。（唐朝 李白）

qìng—diào, zhù—zǔ
庆—吊，祝—诅。

【注释】

庆—吊：庆贺—吊唁。也指喜事与丧事。

祝—诅：祝福—诅咒。指发誓。"以言告神谓之祝，请
　　　　神加殃谓之诅。"

【大意】庆贺祝福，吊丧施咒。

【反义对举】

- 俯而庆，仰而吊，庆吊相随。（汉朝 司马迁）
- 庆者在堂，吊者在闾，祸与福邻，莫知其门。（先秦
　荀况）
- 一人祝之，一国诅之，一祝不胜万诅，国亡不亦宜
　乎？（宋朝 洪迈）

pín—fù, jiàn—guì
贫—富，贱—贵；

【注释】

贫—富：贫穷—富裕。

贱—贵：低贱—高贵。

尊、贵、重—卑、贱、轻。均可表示身份高低。

【大意】贫穷显得卑贱，富裕显得高贵。贫富不分贵
　　　　贱，但要有志气和志向，不要自暴自弃和气

· 91 ·

馁堕落。

【反义对举】

●富贵有余乐，贫贱不堪忧。（明朝　朱熹）

●强不暴弱，贵不凌贱，富不傲贫。（春秋　晏婴）

●一贫一富，乃知交态；一贵一贱，交情乃见。

qióng　dá　yāo　shòu
穷 — 达，夭 — 寿。

【注释】

穷—达：穷困—显达。

夭—寿：短命—长寿。

【大意】穷困易短命，显达易长寿。

　　　　心胸狭窄的人易短命，心胸豁达的人易长寿。

【别对】 穷—富（贫穷—富裕）穷—通（困厄—显达）

【反义对举】

●乐易者常寿长，忧险者常夭折。（先秦　荀况）

●穷则独善其身，达则兼善天下。（先秦　孟轲）

●得丧时难必，穷通命使然。（宋朝　苏颂）

ràng　zhēng　xiáng　yāng
让 — 争，祥 — 殃；

【注释】

让—争：谦让—争抢。

祥—殃：吉利—不详。

【大意】谦让可得到吉祥，争斗会招致祸殃。

【别对】 抢—让（争—让）揖—让（向—背）

【反义对举】

● 一争两丑，一让两有。

● 轻本不祥，实为身殃。（汉朝　贾谊）

● 让生于有余，争起于不足。（汉朝　王充）

趋^{qū}—避^{bì}，吉^{jí}—凶^{xiōng}。

【注释】

趋—避：趋就—避去。

吉—凶：吉祥—凶险。

【大意】 趋就吉祥，避离凶险。

【别对】 吉、祥、利—凶、险、恶

【反义对举】

● 苟利国家生死以，岂因祸福避趋之？（清朝　林则徐）

● 水之形避高而趋下；兵之形避实而击虚。（先秦　孙武）

● 知得知失，可与为人；知存知亡，足别吉凶。（《三国志》）

_{huò} _{fú} _{jué} _{lián}
祸—福，绝—连；

【注释】

祸—福：灾难—吉祥。

绝—连：断绝—连续。

【大意】灾祸灭绝，祥福连连。

【别对】福—咎（幸福—灾祸）

【反义对举】

●跨虹连绝岸，浮绠瀑断航。（南北朝　庚信）

●祸兮福之所倚，福兮祸之所伏。（先秦　老聃）

●此心若正，无不是福；此心若邪，无不是祸。

_{yāo} _{ruì} _{duàn} _{xù}
妖—瑞，断—续。

【注释】

妖—瑞：妖孽—祥瑞。

断—续：中断—继续。表示时而中断，时而连续。

【大意】妖孽中断，祥瑞继续。

【别对】断—绍（断—连）断—属（断—接）

妖—祥（凶兆—吉兆）

【反义对举】

●断竹续竹，飞土逐肉。（《吴越春秋》）

●瑞为福先，妖为祸始。（《全唐文》）

●死者不可生，断者不可属。（汉朝　刘向）

王羲之贴对联

　　王羲之是我国晋朝时期著名的书法家。有一年除夕，他在家门口连贴了两次对联，都被喜爱他的字的人偷偷地揭走，当作珍品收藏起来。他不得不重新写了一副。王羲之怕对联再次被人揭去，就把对联分别裁成两截，各先贴出对联的上半截："福无双至，祸不单行"。这样果然奏效，再也没有人敢去揭这副不吉利的对联了。

　　到了新年黎明之际，王羲之又各贴上对联的下半截，对联变成了："福无双至今朝至，祸不单行昨夜行"。乡人闻之，皆击掌赞叹不已。

六尺巷的由来

　　六尺巷位于安徽省桐城市。时任清朝康熙大学士张英的家人在修建府邸时，因院墙与邻居发生争执。于是，修书给张英，希望他能为家人撑腰。张英随即回信劝解家人："千里修书只为墙，让他三尺又何妨。万里长城今犹在，不见当年秦始皇。"家人看后，自感惭愧，当即决定把院墙向后退让三尺。邻居知道后，

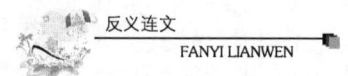

自觉也有不妥的地方，也跟着张家让出三尺。两家之间便空出六尺，六尺巷因此得名。

正文及大意

供需产销，购售买卖

供给需求，生产销售。采购买入，推销卖出。

籴粜批零，租佃征缴

买入卖出，批零兼营。出租方征收租金，承佃方缴纳租金。

当赎借贷，认赖还讨

典当后借款，赎回先还贷；认账还钱，赖账追讨。

牛熊飞堕，升跌红绿

牛市飞涨，熊市坠落。升跌分别用红和绿表示，红代表上升，绿代表下跌。

勤懒忙闲，投报攒花

勤快的人忙碌，懒惰的人悠闲。有投入才能攒钱，有回报才有钱花。

收支余绌，损益赔赚

收入有余，支出不足。收支相抵，计算余绌。有损失就会赔钱，有收益就会赚钱。

节靡省费，俭侈吝奢

节约省用，奢靡浪费。顾惜崇尚节俭，过分反成

浪费。

丰匮饶乏，施敛予夺

丰裕富饶，匮乏贫瘠。布施给予，暴敛掠夺。

授受赠答，庆吊祝诅

交付赠送，接受酬答。庆贺祝福，吊丧施咒。

贫富贱贵，穷达夭寿

贫穷显得卑贱，富裕显得高贵。穷困易短命，显达易长寿。

让争祥殃，趋避吉凶

谦让可得到吉祥，争斗会招致祸殃。趋就吉祥，避离凶险。

祸福绝连，妖瑞断续

灾祸灭绝，祥福连连。妖孽中断，祥瑞继续。

四　中医和养生

yīn yáng biǎo　lǐ

| 阴 | 阳 | 表 | 里 |

hán　rè　xū　shí

| 寒 | 热 | 虚 | 实 |

bá　zhā　bǔ　xiè

| 拔 | 扎 | 补 | 泻 |

fú　fū　bìng　yù

| 服 | 敷 | 病 | 愈 |

hū　xī　tǔ　nà

| 呼 | 吸 | 吐 | 纳 |

shēn qū　fǔ　yǎng

| 伸 | 屈 | 俯 | 仰 |

láo　yì　dòng jìng

劳　逸　动　静

zuò　xī　jiào mián

作　息　觉　眠

zuò　wò　pā tǎng

坐　卧　趴　躺

bì　zhēng mèng xǐng

闭　睁　梦　醒

yǐn　shí　fàn cài

饮　食　饭　菜

sù　mǐ　jiǔ lǐ

粟　米　酒　醴

jī　xiāo bǎo　è

积　消　饱　饿

gǔ　xiè　qiào chuí

鼓　泄　翘　垂

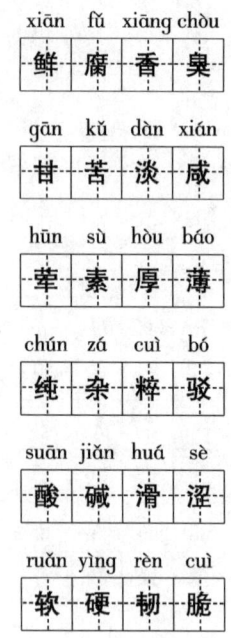

xiān fǔ xiāng chòu

鲜 腐 香 臭

gān kǔ dàn xián

甘 苦 淡 咸

hūn sù hòu báo

荤 素 厚 薄

chún zá cuì bó

纯 杂 粹 驳

suān jiǎn huá sè

酸 碱 滑 涩

ruǎn yìng rèn cuì

软 硬 韧 脆

yīn yáng biǎo lǐ
阴—阳，表—里；

【注释】

阴—阳：幽暗—明亮。古人认为，阴阳是整个世界的两个基本构成元素。凡是运动着的、明亮的、温热的、上升的、外放的，都属于阳；反之，凡是静止的、黑暗的、寒冷的、下降的、内敛的，都属于阴。

表—里：表面—里面。

【大意】用阴阳确定病症类别，用表里反映病位深浅。

【别对】里—外（里面—外面）里—面（里层—表层）

【反义对举】

●里言不出，外言不入。

●一阴一阳谓之道。（《易经》）

●道包裹宇宙而无表里。（汉朝 刘安）

对症下药

东汉时期，府中官吏倪寻、李延同时找华佗看病，两人都诉说头痛和发烧，病痛的症状相同。华佗诊断后说："倪寻应该把病邪泻下，李延应当发汗驱病。"有人对这两种不同治疗法提出疑问。华佗回答说："倪寻是表实里症，李延是里实表症，所以治疗之法应当有所不同。"于是分别给两人服药。他们吃了药之后，第二天早晨病都痊愈了。

hán rè xū shí

寒—热，虚—实。

【注释】

寒—热：严寒—酷热。

虚—实：空虚—充实。

【大意】 用寒热阐发病症性质，用虚实说明邪正盛衰的强弱。

【别对】 寒—暄（寒冷—温暖）寒—暖（寒冷—温暖）

寒—暑（严寒—酷暑）寒—温（寒冷—温暖）

名—实（名义—实际）史—实（历史—现实）

【反义对举】

●人身不过表里，气血不过虚实。（明朝 李时珍）

●撄而后宁亘岁月，老之将至忘寒暄。（宋朝 苏颂）

●来时春社，去时秋社，年年来去搬寒热。（元朝 赵善庆）

扁鹊三兄弟

扁鹊是战国时期的名医，几乎家喻户晓。有一次，魏文王问他："你们家兄弟三人，都精于医术，到底谁最好呢？"扁鹊回答说："长兄最好，二哥次之，我最差。"魏文王听了一愣，忙问道："那怎么你的名声最大？"扁鹊回答说："长兄治病，是治病于病情发作

之前。一般人不知道他事先能消除病因，所以他的名气
难以传开。二哥治病，是治病于病情初起之时。一般人
以为他只能治些轻微的小病，所以他的名气次之。而我
是治病于病情严重之时，一般人都看到我在经脉上穿针
放血、敷药等操作，所以他们认为我的医术最高明。"

拔—扎，补—泻；

【注释】

拔—扎：抽出—刺进。

补—泻：补益（正气）—祛除（邪气）。补泻是针对
人本虚实症候而确定两种不同的治疗原则。

【大意】针灸拔扎，具有补泻作用。

【别对】拔—插（拔出—插入）　拔—塞（拔出—堵塞）

【反义对举】

● 扎针灸，拔火罐。

● 虚则补其母，实则泻其子。

● 参苓硝石雄附姜，补泻虚实调炎凉。（宋朝　方回）

服—敷，病—愈。

【注释】

服—敷：内服—外敷。

病—愈：生病—痊愈。

【大意】内服外敷，疾病痊愈。

【别对】服—违（服从—违背）病—瘥（病—愈）

【反义对举】

●有病服在口里，有药敷在痛处。

●未病先防，既病防变，瘥后防复。

●身之病，待医而愈；国之乱，待贤而治。（《潜夫论》）

呼—吸，吐—纳；

【注释】

呼—吸：进气—出气。机体与外界环境之间气体交换的过程。

吐—纳：呼—吸。

【大意】一呼一吸，调息养气。

【别对】吞—含；含—吐；吐—咽；
出—纳；茹—吐（吃—吐）

【反义对举】

●生命在于一呼一吸之间。

●刚则茹之，柔则吐之。（《诗经》）

●吹呴呼吸，吐故纳新，熊经鸟伸，为寿而矣。（先秦庄周）

104

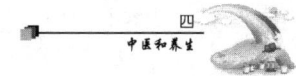

shēn qū fǔ yǎng
伸—屈，俯—仰。

【注释】

伸—屈：伸直—屈曲。比喻进和退，得意和失意。

俯—仰：向上—向下，低头—昂首。

伸屈俯仰：婉指人生有进有退。

【大意】 四肢做屈伸运动，全身做俯仰运动。

【别对】 昂—俯（仰—府）

【反义对举】

●动静屈伸，唯变所适。（三国　王弼）

●仰则观象于天，俯法则类于地。（汉朝　司马迁）

●知行知止为贤者，能屈能伸是丈夫。（宋朝　邵雍）

láo yì dòng jīng
劳—逸，动—静；

【注释】

劳—逸：辛劳—安逸。

动—静：运动—静止。表示消息、情况，亦指说话或
动作发出的声音。

【大意】 辛劳行动，安逸止息。

【别对】 劳—佚（劳苦—安逸）动—稳（动荡　稳定）
静—哗（寂静—热闹）静—噪（安静—喧哗）

【反义对举】

● 劳逸结合，动静相宜。

● 勤恤其民，而与之劳逸。（《左传》）

● 时止则止，时行则行。动静不失其时，其道光明。

（《易》）

_{zuò}　_{xī}　_{jiào}　_{mián}

作—息，觉—眠。

【注释】

作—息：劳作—休息。

觉—眠：觉醒—睡眠。觉：觉（jué）醒、睡觉

（jiào）。

【大意】 劳作时保持清醒，休息时注意养眠。

【别对】 睡—觉（睡觉—清醒）

【反义对举】

● 日出而作，日落而息。

● 独向檐下眠，觉来半床月。（唐朝　白居易）

● 睡侧而屈，觉正而伸，勿想杂念。（清朝　马大年）

_{zuò}　_{wò}　_{pā}　_{tǎng}

坐—卧，趴—躺；

【注释】

坐—卧：坐—卧。特指日常起居。

趴—躺：趴伏—平躺。

【大意】坐着趴伏，卧着躺平。

【别对】起—卧（起床—卧床）；坐—起（坐下—起
立）

坐—立（坐—站）

【反义对举】

●趴着不如躺着舒服。

●坐而言，不如起而行。（先秦　荀况）

●坐爱前檐前，卧爱北窗北。（唐朝　白居易）

闭—睁，梦—醒。
bì　zhēng　mèng　xǐng

【注释】

闭—睁：闭上—睁开。

梦—醒：梦—醒。

【大意】闭着眼睛睡觉做梦，睁开眼睛苏醒过来。

【别对】醒—睡（醒—眠）醒—醉（清醒—陶醉）

【反义对举】

●睁一眼，闭一眼。

●举世皆浊我独清，众人皆醉我独醒。（先秦　屈原）

●多情自古空余恨，好梦由来最易醒。（清朝　魏子
安）

做梦与转眼珠

一位奥地利医生偶然间发现儿子睡觉时眼珠在转

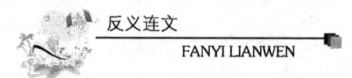

动。他感到很奇怪，连忙叫醒儿子，问他睡觉时发生了什么事，儿子说他刚才正做着一个梦。

这位医生想：睡觉时眼珠转动与做梦有关呢？于是，每当儿子睡觉时，他便守在旁边，一旦发现眼珠子转动，他便叫醒儿子，儿子总是说在做梦。

后来他又观察周边的人，都存在类似的情况。于是，他发表了论文，开创性地研究梦的生理现象。如今人们研究梦的生理学，用眼珠转动的次数和时间来测量人做梦的次数及其时间长短。

梦见元素周期律

门捷列夫是十九世纪俄国著名的化学家。虽然当时多数化学家相信，万物皆有规律可循，化学元素应按一定的秩序排列，可人们尚未发现其规律到底如何。

在这种条件下，门捷列夫有一种独特的工作方法，就是为每种元素制作一张纸牌，纸牌记录它们的质量、色泽及化学性质等内容，这样便于查阅。但随着新元素不断地被发现，纸牌的数量也急剧膨胀，查阅日渐困难。他常被这些无序的纸牌所困扰，于是开始思考如何来排序。

一天夜晚，门捷列夫在睡梦中仿佛看到所有的纸牌都按原子量的大小在有节奏地波动。他醒来后，赶紧依原子量的大小对各种元素进行排列，最终发现了元素周期律。

饮—食，饭—菜；
<small>yǐn shí fàn cài</small>

【注释】

饮—食：饮料—食物。

饭—菜：米饭—菜肴。

【大意】 日常饮食，家常饭菜。

【反义对举】

● 若要身体康，饭菜嚼成浆。

● 起居时，饮食节，寒暑适，则身利而寿命益。（先秦
　管仲）

● 善养生者，慎起居，节饮食，导引关节，吐故纳新。
　（宋朝　苏轼）

粟—米，酒—醴。
<small>sù mǐ jiǔ lǐ</small>

【注释】

粟—米：粗米—精米，谷子—稻米（去皮后）。泛指
　　　　粮食。

酒—醴：厚酒—薄酒。泛指各种酒。

【大意】粮食和酒水。酒是用粮食酿造出来的。

【反义对举】

● 一米一粟，当思来之不易。

● 走马行酒醴，驱车布肉鱼。（三国 曹植）

● 稻米流脂粟米白，公私仓廪俱丰实。（唐朝 杜甫）

最好的菜和最坏的菜

伊索是古希腊著名的文学家。他年轻的时候给人当过奴隶。有一次，主人准备设宴请客，客人都是当时的社会名流。主人特地吩咐他，要做世上最好的菜招待这些贵宾。

于是，伊索专门弄来各种各样的动物舌头，别出心裁地做了一餐盛宴。酒宴开始，主人一看端上来的全是动物的舌头，大吃一惊，质问这是怎么一回事。伊索从容地回答说："舌头是引领各种学问的关键。人们有了舌头才能讲话，才能学习知识，宣传道理。这道菜难道不是最好的菜吗？"一席话说得贵宾们非常高兴，主人却无言以对。

酒宴过后，主人对伊索说："明天，我还要再办一场宴席，不过，你要准备世上最坏的菜。"到第二天上菜时，仍全是舌头。主人见状，正要发火，伊索镇定地说："俗语说，祸从口出。舌头也是世上最坏的东西啊!"主人听了，只好哑口无言。

积—消，饱—饿；

【注释】

积—消：积存—消耗，积累—消费。

饱—饿：温饱—饥饿。

【大意】 积存食物，肚子充足；消耗食物，肚子饥空。

【别对】 消—息（消—长）饥—穰（荒年—丰年）

【反义对举】

●饥穰更事耳，不可不与。(汉朝　司马迁)

●一分利吃饱饭，十分利饿死人。

●世事旋消还旋积，只留青史得千年。（宋朝　舒岳
祥）

鼓—泄，翘—垂。

【注释】

鼓—泄：鼓起—泄掉。

翘—垂：翘起—垂落。

【大意】 涨大就会翘起，排出就会垂落。

【别对】 泄—密（泄漏—保密）泄—补（疏泄—补益）

【反义对举】

●士气可鼓不可泄。

●垂尾是狼，翘尾是狗。

●事以密成，语以泄败。（先秦　韩非）

xiān　fǔ　xiāng　chòu
鲜—腐，香—臭；

【注释】

鲜—腐：新鲜—腐败。

香—臭：芳香—恶臭。气味好闻为香，难闻为臭。

【大意】 色泽有鲜腐，气味有香臭。新鲜的食物气味香，腐败的食物气味臭。

【别对】 芳—臭（芬芳—恶臭）　鲜—陈（新鲜—陈旧）

【反义对举】

●不将臭腐易芳鲜。（宋朝　魏了翁）

●薰莸年老迷香臭，酒脯涎垂向市沽。（宋朝　刘克庄）

●物新则壮，旧则老；新则鲜，旧则腐；新则活。（清朝　康有为）

gān　kǔ　dàn　xián
甘—苦，淡—咸。

【注释】

甘—苦：甘甜—辛苦。比喻美好和恶劣的处境，以及在工作或经历中体会到的滋味。

淡—咸：分别形容食物里盐分含量轻和重。

【大意】 甜淡的食物可口，苦咸的食物难咽。

【别对】 淡—浓；淡—深；苦—甜。

【反义对举】

●谁谓荼苦，其甘如荠。（《诗经》）

●话多味淡，盐多菜咸。

●学问之根苦，学问之果甜。

路边李苦

王戎是晋朝著名的文学家。七岁的时候，他和伙伴们去郊外游玩，看见路边有棵果实累累的李树，几乎压断树枝。伙伴们都争相去采摘，只有王戎站在那儿不动。旁人问他为什么不去摘，他说："大路边的李树，如果它的果子是甜的，早就被周边的人摘光了。因此，我认为它一定是苦的。"伙伴们一试，果然又苦又涩。大家都非常钦佩王戎。

望梅止渴

曹操是东汉时期著名的军事家。有一次，他率领大军在荒无人烟的山野里艰难地行进着。由于天气炎热，又找不到水源，士兵又累又渴。曹操突然心生一计，传令说："前面不远处有一大片梅林，结满了又酸又甜的梅子，咱们赶往那里，吃到梅子之后就可以解渴了。"全军将士听到这个消息后，都不由自主地流出口水，于是精神大振，继续前行，终于找到了水源，渡过了难关。

荤—素，厚—薄；
<small>hūn sù hòu báo</small>

【注释】

荤—素：荤菜—素菜。荤：肉食。素：蔬菜、瓜果类食物。

厚—薄；浓厚—淡薄。分别表示物体厚和薄的程度。

【大意】菜有荤素，味有厚薄。荤菜厚腻，素菜淡薄。

【别对】薄（báo）—肥；薄（báo）—浓；薄（báo）—深；素—艳（素淡—鲜艳）

【反义对举】

●博观而约取，厚积而薄发。（宋朝 苏轼）

●厚薄被适性，高低枕得宜。（唐朝 白居易）

●清对云水客，荤素得共食。（宋朝 曹勋）

纯—杂，粹—驳。
<small>chún zá cuì bó</small>

【注释】

纯—杂：纯正—杂乱。

粹—驳：纯粹—驳杂。

【大意】纯粹不掺杂，驳杂不纯净。

【别对】粹—杂（纯粹—驳杂）

【反义对举】

●或文丽而义暌，或理粹而辞驳。（南朝　梁刘勰）

●世之以书名家者，皆不杂以人而纯乎天。（宋朝
岳珂）

●贤而能容罢，知而能容愚，博而能容浅，粹而能容
杂。（先秦　荀况）

suān jiǎn huá sè
酸—碱，滑—涩；

【注释】

酸—碱：酸性—碱性。

滑—涩：光溜—粗涩。

【大意】酸的食物滑溜，碱的食物苦涩。

【反义对举】

●酸碱平衡，量体而行。

●滑路滑如苔，涩路涩若梯。（宋朝　陆游）

●现权衡规矩而知病所主，按尺寸观浮沉滑涩而知病
缩生。（《素问》）

ruǎn yìng rèn cuì

软—硬，韧—脆。

【注释】

软—硬：柔软—坚硬。引申为利诱和威胁，如软硬
兼施。

韧—脆：坚韧—脆弱。

【大意】 软的食物韧，硬的食物脆。

【别对】 软—坚；坚—脆；

【反义对举】

●见硬莫对硬，见软莫欺软。

●利锁韧而坚，名缰脆不弱。(南北朝　智永)

●释实而攻虚，释坚而攻脆，释难而攻易。（先秦
管仲)

正文及大意

阴阳表里，寒热虚实

　　用阴阳确定病症类别，用表里反映病位深浅。用
寒热阐发病症性质，用虚实说明邪正盛衰的强弱。

拔扎补泻，服敷病愈

　　针灸拔扎，具有补泻作用。内服外敷，疾病痊愈。

呼吸吐纳，伸屈俯仰

　　一呼一吸，调息养气。四肢做屈伸运动，全身做

俯仰运动。

劳逸动静，作息觉眠

操劳能运动身子，安逸能静养身心。劳作时头脑要清醒，休息时大脑要养眠。

坐卧趴躺，闭睁梦醒

坐在椅上趴着休息，卧在床上躺着睡觉。闭上睡眼进入梦乡，睁开睡眼苏醒过来。

饮食饭菜，粟米酒醴

日常饮食，家常饭菜。粮食和酒水。酒是用粮食酿造出来的。

积消饱饿，鼓泄翘垂

积存食物，肚子充足；消耗食物，肚子饥空。涨大就会翘起，排出就会垂落。

鲜腐香臭，甘苦淡咸

新鲜的食物气味香，腐烂的食物气味臭。甜淡的食物可口，苦咸的食物难咽。

荤素厚薄，纯杂粹驳

荤菜厚腻，素菜淡薄。纯粹不掺杂，驳杂不纯净。

酸碱滑涩，软硬韧脆

酸的食物滑溜，碱的食物苦涩。软的食物韧，硬的食物脆。

五　艺术和情貌
wǔ　　yì shù hé qíng mào

héng	shù	piě	nà
横	竖	撇	捺

tí	àn	qín	fàng
提	按	擒	放

qiú	tuò	zǎi	fù
遒	拓	载	覆

yíng	suō	shū	juǎn
盈	缩	舒	卷

xú	jí	chí	sù
徐	疾	迟	速

yǒng	zàn	jiǔ	qǐng
永	暂	久	顷

jiān	tū	ruì	dùn
尖	秃	锐	钝

jīng	cū	xì	jù
精	粗	细	巨

xī	chóu	shū	mì
稀	稠	疏	密

zēng	shān	tiān	shān
增	删	添	芟

tiáo	wěn	qí	jī
条	紊	齐	畸

jūn	shū	tóng	yì
均	殊	同	异

yǐn	xiù	cáng	lù
隐	秀	藏	露

diǎn	miàn	zhān	gù
点	面	瞻	顾

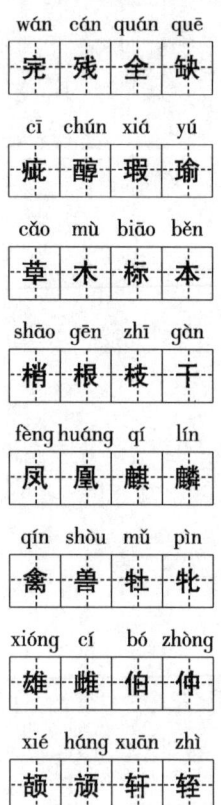

wán cán quán quē

完　残　全　缺

cī chún xiá yú

疵　醇　瑕　瑜

cǎo mù biāo běn

草　木　标　本

shāo gēn zhī gàn

梢　根　枝　干

fèng huáng qí lín

凤　凰　麒　麟

qín shòu mǔ pìn

禽　兽　牡　牝

xióng cí bó zhòng

雄　雌　伯　仲

xié háng xuān zhì

颉　颃　轩　轾

zhēn jiǎ yōu liè

真	假	优	劣

liáng yǒu hǎo huài

良	莠	好	坏

chì hēi zào bái

赤	黑	皂	白

fěn dài yàn pǔ

粉	黛	艳	朴

pàng shòu hóng xiān

胖	瘦	洪	纤

měi chǒu yán chī

美	丑	妍	媸

xǐ nù lè āi

喜	怒	乐	哀

yú yōu yuè yùn

愉	忧	悦	愠

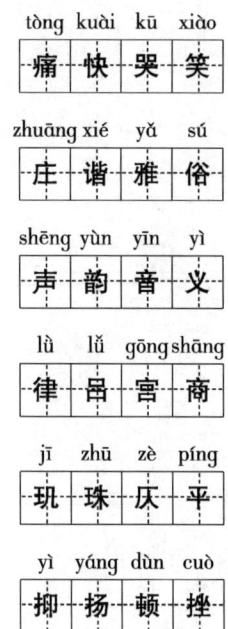

tòng kuài kū xiào

| 痛 | 快 | 哭 | 笑 |

zhuāng xié yǎ sú

| 庄 | 谐 | 雅 | 俗 |

shēng yùn yīn yì

| 声 | 韵 | 音 | 义 |

lù lǚ gōng shāng

| 律 | 吕 | 宫 | 商 |

jī zhū zè píng

| 玑 | 珠 | 仄 | 平 |

yì yáng dùn cuò

| 抑 | 扬 | 顿 | 挫 |

héng shù piě nà

横一竖，撇一捺；

【注释】

横：由左平移至右。竖：由上直下。

撇：由上向左而斜下。捺：由上向右而斜下。

【大意】汉字写法：先横后竖，先撇后捺。

【别对】纵—横（上下—左右）

【反义对举】

●横吹笛子竖吹箫。

●若不撇开终是苦，各能捺住便成名。

●纵横正有凌云笔，俯仰随人亦可怜。（金朝　元好
问）

提一按，擒一放。

（注音：tí àn qín fàng）

【注释】

提—按：上拎—下顿。笔提线条细，笔按线条粗。

擒—放：提—按，捉—放。

【大意】提按顿挫，一气呵成。

【别对】拿—放；收—放；抓—放（捕—释）

【反义对举】

●放贼一个，擒贼一窝。

●只有错拿，没有错放。

●凡书要笔笔按，笔笔提。（清朝　刘熙载）

"永"字八法

"永"字八法是我国晋朝书法家王羲之父子创立

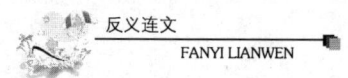
的。它共有八笔：点、横、竖、勾、仰横、撇、斜撇、捺。每笔各具特色，且相互照应，一气呵成。

相传王羲之的儿子王献之在梦中与父相会于碧水潭边，短暂相叙后，王羲之即骑仙鹤徐徐飞上天，王献之忙呼："父亲留何物予我?"王羲之答道："留汝一滴水，得之垂千古。"

王献之从梦中醒来忽然悟得，一滴水，岂不是"永"字吗！于是他从早到晚临摹其父写过的"永"字，终于创立了流传书坛的"永"字八法。

郑板桥体

据说，清代书画家郑板桥早年学书法非常刻苦，无论写哪家字体均能十分逼真，但他始终觉得不足。

有一次，郑板桥晚上睡觉的时候，竟然不知不觉地在他妻子的背上划来划去，研究起横竖撇捺来。

妻子不满地问他干什么，他说："我在练字的笔画。"妻子对他说："你有你的体，我有我的体，你怎么在人家的体上划来划去呢?"郑板桥听了，恍然有悟。

于是他另辟蹊径，自创一体，创造出自己的书法风格来。

qiú　tuò　zǎi　fù
遒—拓，载—覆；

【注释】

遒—拓：遒紧—拓开。

载—覆：承载—覆盖。

【大意】遒紧承载，拓开覆盖。

【别对】撇—拓（收敛—纵放）

【反义对举】

●载覆无巨细，善恶皆生成。（宋朝　欧阳修）

●黑白相生，疏密相关，浓淡相宜，遒拓相当。

●右军（即王羲之）用笔内撇而收敛，故森严而有法
　度；大令（即王献之）用笔外拓而开廓，故散朗而
　多姿。（元朝　袁裒）

yíng　suō　shū　juǎn
盈—缩，舒—卷。

【注释】

盈—缩：伸—屈，增加—减少。

舒—卷：舒展—卷缩。

【大意】进退伸张，很有秩序。

【别对】盈—虚；缩—冒；胀—缩；
　　　　伸—缩；张—缩；卷—展。

【反义对举】

● 盈缩卷舒，与世变化。（汉朝　刘安）

● 成功之道，盈缩为宝。（先秦　管仲）

● 古今变态尽仿佛，旦暮烟云随卷舒。（宋朝　苏颂）

^{xú} ^{jí} ^{chí} ^{sù}
徐—疾，迟—速；

【注释】

徐—疾：缓慢—疾速。

迟—速：迟缓—迅速。

【大意】 速度有疾速和徐迟。徐徐来迟，疾速飞驰。

【别对】 迟—早（晚—早）

　　　　　疾、速、急—徐、迟。

【反义对举】

● 梅虽花早实亦早，早恐少年迟恐老。（宋朝　曾丰）

● 不徐不疾，得之于手，而应于心。（先秦　庄周）

● 兵贵拙速，不尚巧迟。速者乘机，迟者生变。（明朝
　王鹤鸣）

^{yǒng} ^{zàn} ^{jiǔ} ^{qǐng}
永—暂，久—顷。

【注释】

永—暂：永久—暂时。

久—顷：长久—片刻。

【大意】 时间有久暂。永恒久远，短暂顷刻。

【别对】久—暂（长久—短促）久—暂（永久—暂时）

【反义对举】

●暂劳永逸，无为而治。（汉朝　王充）

●一劳而永逸，暂费而久宁。（汉朝　班固）

●不为顷久推移，不以多少进退。（先秦　庄周）

尖—秃，锐—钝； *jiān tū ruì dùn*

【注释】

尖—秃：分别用来表示物体存有和失去锐利的末端。

锐—钝：灵敏—迟钝，锐角—钝角。

【大意】（笔）尖则锐利，秃则钝挫。

【别对】尖—团；尖—背（耳尖—耳背）

【反义对举】

●胜久则钝兵挫锐，攻城则力屈。（先秦　孙武）

●秃尖成冢还成阵，未抵灵犀一点通。（《随园诗话》）

●九月团脐十月尖，持螯饮酒菊花天。

精—粗，细—巨。 *jīng cū xì jù*

【注释】

精—粗：精细—粗糙。

细—巨：细小—巨大。引申为大小事情。

【大意】精致细腻，粗壮硕大。

【别对】 精—傻（精明—傻笨）粗—细（粗大—细小）

【反义对举】

●事无巨细，悉究本末。

●饮食迷精粗，衣裳失宽窄。（唐朝　孟郊）

●至人冥观尽物理，岂以形质论精粗。（宋朝　苏颂）

xī　chóu　shū　mì
稀—稠，疏—密；

【注释】

稀—稠：稀少—繁多。

疏—密：稀疏—稠密。

【大意】 密度有稀疏和稠密。疏密参差，错落有致。

【别对】 稀—密、疏—稠（稀疏—稠密）

　　　　　亲—疏、戚—疏（亲近—疏远）

【反义对举】

●虚华盛而忠信微，刻薄稠而纯笃稀。（《后汉书》）

●前后左右者日益亲，则忠臣硕士日益疏。（《新五代
　史》）

●与人以实，虽疏必密；与人以虚，虽戚必疏。（汉朝
　韩婴）

zēng　shān　tiān　shān
增—删，添—芟。

【注释】

增—删：增加—裁减。

添—芟：添加—削除。

【大意】增添其不足，删除其多余。

【别对】增—减（添—删）

【反义对举】

●批阅十载，增删五次。

●清明坟上芟草木添新土。

●无情岁月增中减，有味诗书苦中甜。

唐王招亲

唐朝文成公主到了适婚年龄时，各侯王都派使者来求婚。藏王松赞干布也派使者禄东赞去为他求婚。

唐朝皇帝不愿让公主远嫁他方，又不好拒绝各侯国的使者，便决定用比赛的方式来抉择。于是，他叫人扛来头尾一样粗的松木一百根，说："谁要能全部辨认出这堆松木的头尾，公主便嫁给他的国君。"众使者怎么也分不清。轮到禄东赞时，他叫人把所有的松木放到河水里，说："沉入水底的是根，浮出水面的是梢。"接着他解释说："树根的纹理组织密且重，它就下沉；树梢的组织疏且轻，它就上浮。这就可分辨出松木的头尾了。"

次日，皇帝召见禄东赞，让他从五百多名宫女中

选出公主。禄东赞见宫女们个个都打扮成公主的模样，一时难以辨认出公主。他绕着宫女们转个圈，突然转过头来说："看，公主头上有一群蜜蜂。"皇帝和宫女们纷纷把目光转向了公主，禄东赞一下子就找出了公主。

公主对禄东赞说："如果你提出一个令我无法回答的问题，我就跟你们去。"禄东赞微笑地说："请问公主，我要提什么问题，你就会答应跟我们走？"公主笑了，她确实难以回答这个问题。皇帝见状后，叹道："这真是一名聪明的使者啊。"

几天之后，文成公主带着唐朝皇帝赐予的财物和随从与禄东赞一起入藏，和松赞干布成亲。从此，汉藏两族的交往更加密切了。

tiáo wèn　qí jī
条—紊，齐—畸；

【注释】

条—紊：井然—紊乱。

齐—畸：整齐—不齐。

【大意】 条理齐整，紊乱不齐。

【反义对举】

●网在纲，有条而不紊。（《尚书》）

●有齐而无畸，则政令不施，有少而无多，则群众不化。（先秦　荀况）

●有条不紊，施缓政於繁绳；断讼有神，下高锋於错节。（唐朝　王勃）

jūn　shū　tóng　yì
均—殊，同—异。

【注释】

均—殊：均匀—参差。殊：不同。

同—异：相同—差异。

【大意】 均匀相同，参差相异。

【别对】 同—和、分、辨、殊、别、异。
　　　　　均—殊、异。

【反义对举】

●大矣造化工，万殊末不均。（晋朝　王羲之）

●异孔而同归，殊施而德德。（汉朝　董仲舒）

●异类以殊为同，同类以均为异。（汉朝　王充）

yǐn　xiù　cáng　lù
隐—秀，藏—露；

【注释】

隐—秀：含蓄—突出。

藏—露：藏匿—显露。

【大意】 含蓄隐藏，突出显露。

【别对】 含—露（隐含—显露）藏—泻（储藏—宣泄）

【反义对举】

●存筋藏锋，灭迹隐端。（晋朝　王羲之）

●文之英蕤，有秀有隐。（南朝　刘勰）

●隐而不显，含而不露。莫见乎隐，莫显乎微，故君
子慎其独也。（《礼记》）

diǎn　miàn　zhān　gù
点—面，瞻—顾。

【注释】

点—面：分别表示对事物进行详叙和概述。

瞻—顾：向前看—回头看。指办事考虑周全，亦指办
　　　　事犹豫不决。

【大意】 叙述要详略，考虑要周全。

【别对】 心—面（内心—外表）背—面（背后—面前）

【反义对举】

●知人知面不知心。

●廉纤小雨池塘遍，细点看萍面。（宋朝　周邦彦）

●大凡诗中好句，左瞻右顾，承前启后，不突不纤。

　（清朝　薛雪）

wán　cán　quán　quē
完—残，全—缺；

【注释】

完—残：完整—残缺。

132

全—缺：齐全—欠缺。

【大意】完整无缺，残缺不全。

【别对】完—缺；足—缺；齐—缺。

【反义对举】

●全则必缺，极则必反。(《吕氏春秋》)

●宁居无不居，宁处缺不处完。(明朝　洪应明)

●雪打杉松残，补书书不完。懒学渭上翁，辛苦把钓
　竿。(唐朝　刘叉)

疵—醇，瑕—瑜。
cī　　chún　xiá　yú

【注释】

疵—醇：缺点—纯正。

瑕—瑜：分别表示玉的斑痕和光彩，比喻人的短处和
　　　　长处或事物的缺点和优点。

【大意】小疵有斑痕，纯正有光彩。

【别对】坚—瑕（密实—空虚）

【反义对举】

●能改则瑕可为瑜，瓦砾可为珠玉。(唐朝　李沂)

●凡用兵者，攻坚则韧，乘瑕则神。(先秦　管仲)

●知其有醇乎醇者，有大醇而小疵者也。(清朝　陈
　澧)

妙在藏露间

宋徽宗赵佶以擅长花鸟画著称。他设立的国画院常用诗句为题来招考画师。

有一年，画题是"深山藏古寺"。大多数作品画的是深山里露出半个古寺，均没有符合题意。最后被圈中的作品画的是一位老和尚在山脚的小溪边挑着水往山上走。它巧妙地把古寺"隐"在深山里。

次年，画题是"踏花归去马蹄香"。许多作品画的是官贵仕女在花丛中骑马穿行。只有一幅作品别出心裁，仅画了一匹奔驰的骏马，马蹄后有几只追赶着的飞蝶。作者巧妙地将香气"藏"在马蹄上。

又一年，画题是"野渡无人舟自横"。许多作品要么画郊野，要么无人。而被看中的作画是船尾上卧着一位正在吹笛子的艄公。艄公安闲，自然无人野渡。

上述三幅被选中的作品巧妙地处理好了艺术的藏露问题，因此获得宋徽宗的青睐。

cǎo　 mù　 biāo　 běn
草—木，标—本；

【注释】

草—木：草本（植物）—木本（植物）。

标—本：枝节—根本。分别引申为非根本、次要和根本、基础。中医称疾病的外在表现及其根本性质。

【大意】草木有枝节和根本，可入药做标本。

【别对】本—末（木根—木梢）本—息（本金—利息）

【反义对举】

●人非草木，孰能无情！

●草木本无意，荣枯自有时。（唐朝 孟浩然）

●病发而有餘，本而标之，先治其本，后治其标。

（《素问》）

shāo gēn zhī gàn
梢—根，枝—干。

【注释】

梢—根：树梢—树根。

枝—干：树枝—树干。古人认为："天干，犹木之干，强而为阳；支，犹木之枝，弱而为阴。"

【大意】末梢枝节，根系主干。

【别对】根—末（根本—枝末）支—干（天支—地干）

【反义对举】

●师资相传，共枝别干。（清朝 李汝珍）

●枝末虽明，根本常昧。

●托根附树身，开花寄树梢。（唐朝 白居易）

fèng huáng　qí　lín
凤—凰，麒—麟；

【注释】 凤凰、麒麟、鸳鸯是雌雄的统称。雄为凤、
　　　　麒、鸳；雌为凰、麟、鸯。《鹖冠子》曰：
　　　　"凤凰者，鹑火之禽，阳之精也；麒麟者，玄
　　　　枵之兽，阴之精也。"

【大意】 凤凰与麒麟，代表吉祥和谐。

【反义对举】

●麒麟不是人间物。（宋朝　王安石）

●旧巢共是衔泥燕，飞上枝头变凤凰。（清朝　吴伟
　业）

●干戈兵革斗未止，凤凰麒麟安在哉。（唐朝　杜甫）

qín shòu　mǔ　pìn
禽—兽，牡—牝。

【注释】

禽—兽：飞禽—走兽。鸟类和兽类的统称，后比喻无
　　　　人性的人。

牡—牝：雄性—雌性。

　　　　包含"性别"的反义词：男—女、公—母、
　　　　乾—坤、雄—雌、牡—牝；特—牸；羝
　　　　（羖）—牂；凤—凰；叫—草等。

【大意】 飞禽走兽有雄性和雌性之分。凤、凰是禽，

麒、麟是兽，各为雄雌之称。

【反义对举】

● 大明韬日月，旷野号禽兽。（唐朝　杜甫）

● 物类洪纤知牝牡，自怜当永废婚姻。（明朝　沉鲸）

● 禽兽有父子而无父子之亲，有牝牡而无男女之别。

　（先秦　荀况）

xióng　cí，　bó　zhòng
雄一雌，伯一仲；

【注释】

雄一雌：雄性—雌性。泛指成对的事物，比喻胜负
　　　　强弱。

伯一仲：老大—老二。兄弟排行的次序：伯仲叔季。

【大意】 雌雄对决，难分伯仲。

【反义对举】

● 大丈夫当雄飞，安能雌伏！（《后汉书》）

● 雄雌谁与辨，试上楚王台。（宋朝　岳珂）

● 出师一表真名世，千载谁堪伯仲间。（宋朝　陆游）

xié　háng，　xuān　zhì
颉一颃，轩一轾。

【注释】

颉一颃：飞而上曰颉，飞而下曰颃。颉颃原意是指鸟
　　　　上下飞。后来借指不相上下或互相抗衡。

轩—轾：车子前高后低称轩，前低后高称轾。引申为
　　　　轻重、高低、优劣。
　　　　《幼学琼林》："力相上下曰颉颃，事有低昂
　　　　曰轩轾。"
　　　　表示"不相上下"的反义词：颉颃、伯仲、
　　　　上下、高下。

【大意】不相上下，（难）分出优劣。

【反义对举】

● 不乐前以顾轩，不就后以虑轾。（《三国志》）

● 何缘交颈为鸳鸯，胡颉颃兮共翱翔。（汉朝　司马
　　相如）

● 亦欲颉颃相上下，不容分寸得跻攀。（南宋陈傅良）

以母引公

　　公元 755 年，安禄山、史思明叛乱。李光弼奉命
讨伐史思明，两军隔河安营扎寨。李光弼扎在河的北
边，史思明扎在河的南边。

　　当时，史思明有一千多匹好马，为了显示自己强
大的实力，恐吓对方，他每天都把这些战马赶到河边
洗澡，并且巧妙地让它们不断地循环出现，冒充数量
众多。李光弼很想把这些战马弄到手，他事先想用母

马来引诱，但异性相吸，这边的母马也可能被对岸的公马吸引过去。

于是他又想出一个妙招。他让士兵找来五百匹正在哺乳的母马，把它们赶到河边，而把马驹留在城里。母马因思念城里的马驹而哀哀地叫唤着，河对岸的公马听到母马的叫声，以为是在召唤自己，就急不可待地过河来与母马亲近。

这样，李光弼就毫不费力地将史思明的战马赶回城里去。

<ruby>真<rt>zhēn</rt></ruby>—<ruby>假<rt>jiǎ</rt></ruby>，<ruby>优<rt>yōu</rt></ruby>—<ruby>劣<rt>liè</rt></ruby>；

【注释】

真—假：真实—虚假。

优—劣：优良—低劣。

【大意】 评定真假优劣。真质为优，假冒为劣。

【别对】 真—赝（真—伪） 真—幻（真实—虚幻）

【反义对举】

●优胜劣汰，适者生存。（英国　达尔文）

●承平武备皆具文，勇怯真伪临阵分。（清朝　张维屏）

●假作真时真亦假，真作假时假亦真。（清朝　曹雪

芹)

liáng yǒu hǎo huài
良—莠，好—坏。

【注释】

良—莠：好苗—野草，比喻好人和坏人。

好—坏：美善—丑恶。

【大意】 评定好坏善恶。好人的品行美善，坏人的品行丑恶。

【别对】 好—差；好—次；好—歹；

好—糟；好—赖；好—烂。

【反义对举】

●古今代谢歌新韵，辩证思维好坏携。（明朝　唐寅）

●良莠不分，难取人长；是非不辨，难补己短。

●是的，好的，虽旧必存。非的，坏的，虽新必除。

　（民国　陶行知）

chì hēi zào bái
赤—黑，皂—白；

【注释】

赤—黑：红色—黑色。

皂—白：黑色—白色。引喻为正确和错误。

【大意】 红色和黑色，黑色和白色，形成鲜明的对比。

【别对】 黑—白（黑色—白色）

表示黑白的反义对：黑、缁、玄—皙、素、皎、缟、皓。

【反义对举】

●不问青红皂白。

●近朱者赤，近墨者黑。

●黑发不知勤学早，白首方悔读书迟。（唐朝　颜真卿）

_{fěn dài yàn pǔ}

粉—黛，艳—朴。

【注释】

粉—黛：白粉—黑粉。后代指年轻貌美的女子，亦借指妆饰。

艳—朴：鲜艳—素净。

【大意】 粉妆华丽，淡妆质朴。

【别对】 华—实（花—果）华—朴（浮华—纯朴）

【反义对举】

●回眸一笑百媚生，六宫粉黛无颜色。（唐朝　白居易）

●酌奇而不失其真，玩华而不坠其实。（南朝　刘勰）

●诗之奇平艳朴，皆可采取，亦不必尽庄语也。（清朝　袁枚）

pàng shòu hóng xiān
胖—瘦，洪—纤；

【注释】

胖—瘦：肥胖—癯瘦。

洪—纤：大—小。

【大意】 形有胖瘦，体有大小。胖显得大，瘦显得小。

【别对】 肥—瘠、癯、瘦

【反义对举】

●肥田不如瘦水。

●一言而巨细咸该，片语而洪纤靡漏。（唐朝　刘知
几）

●短长肥瘦各有态，玉环飞燕谁敢憎。（宋朝　苏轼）

měi chǒu yán chī
美—丑，妍—媸。

【注释】

美—丑：美丽—难看。

妍—媸：俊俏—丑陋。

【大意】 事物有美好和丑陋，美更美，丑更丑。

【别对】 美、俊、妍—丑、媸、醜

【反义对举】

●没有假丑恶就没有真善美。（现代　毛泽东）

●君子成人之美，不成人之恶。（先秦　孔丘）

● 妍媸优劣宁相远，大都只在人抬举。（唐朝　白居易）

黑点白纸

当一位大使问联合国秘书长安南成功的秘诀时，安南讲了这样一件往事：我至今记得17岁时老师给我们上的一堂课，老师手里拿着一张画有一个黑点的白纸，他问我们：“孩子们，你们看到了什么？”我们齐声回答：“一个黑点！”这时，老师说：“难道你们谁也没有看到这张白纸吗？在今后的生活中，你们可不要这样啊！”

对对子

古时候，有个读书人酷爱联对。

一天，乌云密布，四周漆黑，他即兴而发，念出了上联：“黑白难分，教我怎知南北。”

这时，邻居一位穷秀才恰好推门进来，顺口对了下联：“青黄不接，向你借点东西。”读书人说：“借点东西不难，只要你能对出下联来。”穷秀才说：“我不是已经对上了吗？”读书人才恍然大悟。

萧伯纳回信

萧伯纳是英国著名的文学家。当他成名后，收到不少异性崇拜者追求他的信。

当时美国著名舞蹈家邓肯在向他求婚的信中写："如果你同我结婚，我们生下的孩子将像你一样聪明，像我一样漂亮，那该是一件多么美好的事情啊！"

萧伯纳以他特有的风趣回信说："如果你同我结婚，我们生下的孩子将像你一样愚蠢，像我一样丑陋，那该是一件多么不幸的事情啊！"

喜—怒，乐—哀；
xǐ　nù　lè　āi

【注释】

喜—怒：喜悦—愤怒。

乐—哀：欢乐—悲哀。

【大意】情感有喜怒哀乐。喜而乐，怒而哀。

【别对】喜—忧（欣喜—忧伤）乐—悲（欢喜—悲伤）

　　　　乐—忧（愉快—忧愁）苦—乐（痛苦—快乐）

【反义对举】

●喜不失节，怒不变容。（《三国志》）

●乐而不淫，哀而不伤。（《论语》）

●先天下之忧而忧，后天下之乐而乐。（宋朝　范仲

淹)

愉—忧，悦—愠。
yú　yōu　yuè　yùn

【注释】

愉—忧：愉快—忧愁。

悦—愠：高兴—生气。

【大意】愉快而高兴，忧愁而生气。

【别对】忿—悦（生气—高兴）

【反义对举】

●知足者常乐，不知足者常忧。

●始屏忧以愉思，乐兹情于寸光。（南朝　鲍照）

●怒可以复喜，愠可以复悦。亡国不可以复存，死者

　不可以复生。（先秦　孙武）

痛—快，哭—笑；
tòng　kuài　kū　xiào

【注释】

痛—快：痛苦—快乐。表示舒畅、直爽或流利畅快。

　　　　　"快"本义是愉快，后引申出快速。

哭—笑：哭泣—微笑。

【大意】痛苦而哭泣，快乐而欢笑。

【别对】啼—笑（哭—笑）哭—泣（放声哭—小声哭）

【反义对举】

●亲者痛，仇者快。

●炼时哭，赛时笑。

●强令之笑不乐，强令之哭不悲。（《吕氏春秋》）

zhuāng xié yǎ sú
庄 —谐，雅—俗。

【注释】

庄—谐：庄重—谐趣。

雅—俗：文雅—粗俗。

【大意】 庄重而高雅，谐趣而通俗。

【别对】 僧—俗（僧人—俗人）雅—陋（高雅—鄙俗）

【反义对举】

●庄谐交融，雅俗共赏。

●浓不胜淡，俗不如雅。（明朝　洪自诚）

●陋儒编诗不收入，二雅褊迫无委蛇。（唐朝　韩愈）

shēng yùn yīn yì
声 —韵，音—义；

【注释】

声—韵：声音—音韵、声母—韵母。

音—义：辨音—释义。

【大意】 声中有音，韵中有义。从声（波）中辨出音，
透过韵律知其涵义。

【反义对举】

●据义定音，音随义转。

●治经莫重于得义，得义莫切于得音。

●韵母由元音构成，声母由辅音充当。

律—吕，宫—商。

（lǜ lǚ gōng shāng）

【注释】

古代用管径相同长短不同的竹管制成的校正乐律的器具，从低音管算起，成奇数的叫做"律"，成偶数的叫做"吕"。后来用律吕作为音律的统称。宫商，古代音律中的宫音与商音，后人用其泛指音乐。

【大意】（管径）长短，（音律）高低，（节奏）起伏产生美妙的音乐。

【反义对举】

●律吕既和，哀声五降。（汉朝　马融）

●龙行云必从，宫鸣商亦调。（宋朝　苏颂）

●风飘律吕相和切，月傍关山几处明。（唐朝　杜甫）

诗人论哭笑

　　罗马诗人贺拉斯的抒情诗不仅富有特色，而且在思想情绪上总能引起读者的共鸣。

　　有读者问他："你的诗为什么总能深深打动读者

的心灵?"

贺拉斯回答说:"你自己先要笑,才能赢得别人的欢乐;同样,你自己先要哭,才能使别人也悲伤!"

科学家断画

北宋时期,在开封相国寺里有一幅壁画,壁画上画着管乐队在演奏。

有人说画家画错了,理由是管乐演奏者在吹"四"字音,可是那个弹琵琶的手指不是在拨"四"字音所在的上弦,而是掩着下弦。

有人请当时著名科学家沈括来判断。沈括仔细琢磨以后,钦佩地说,这位画家太高明了,很精通音乐!他说:弦乐同管乐是不同的。吹奏管乐,手指按在什么部位就发什么音,是同时的;弹琵琶就不同了,手指先拨弦,然后才发音,动作要比声音早。所以,演奏管乐的人在吹"四"字音的时候,弹琵琶的人的手指已准备拨下一个音了。在场的人无不为沈括的高见所折服。

玑—珠,仄—平;

【注释】

玑—珠:不圆的珠子—圆形的珠子。喻指诗句十分优美。

仄—平：曲折—平直、仄声—平声。泛指诗文的韵律。

【大意】诗句十分优美，富有平仄韵律。

【别对】平—奇（平凡—奇特）平—乱（太平—动乱）
平—险（安全—危险）平—陡（平坦—陡峭）

【反义对举】

●篇篇锦绣，字字珠玑。

●诗词格律，不平则仄。

●莫等危时扶使稳，但逢险处放教平。（宋朝　方岳）

yì　yáng　dùn　cuò
抑—扬，顿—挫。

【注释】

抑—扬：降低—升高。

顿—挫：停顿—转折。

【大意】声音高低起伏、停顿转折，和谐动听。

【反义对举】

●声音抑扬顿挫，和谐悦耳。

●铭博约而温润，箴顿挫而清壮。（南北朝　萧统）

●跌宕昭彰，独超众类，抑扬爽朗，莫与之京。（南北朝　萧统）

正文及大意

横竖撇捺，提按擒放

汉字写法：先横后竖，先撇后捺。提按顿挫，一气呵成。

遒拓载覆，盈缩舒卷

遒紧承载，拓开覆盖。进退伸张，很有秩序。

徐疾迟速，永暂久顷

徐徐来迟，疾速飞驰。永恒久远，短暂顷刻。

尖秃锐钝，精粗细巨

（笔）尖则锐利，秃则钝挫。精致细腻，粗壮硕大。

稀稠疏密，增删添芟

疏密参差，错落有致。增添其不足，删除其多余。

条紊齐畸，均殊同异

条理齐整，紊乱不齐。均匀相同，参差相异。

隐秀藏露，点面瞻顾

含蓄隐藏，突出显露。叙述要详略，考虑要周全。

完残全缺，疵醇瑕瑜

完整无缺，残缺不全。小疵有斑痕，纯正有光彩。

草木标本，梢根枝干

草木有枝节和根本，可入药做标本。末梢枝节，根系主干。

凤凰麒麟，禽兽牡牝

凤凰与麒麟，代表吉祥和谐。飞禽走兽有雄性和雌性之分。凤、凰是禽，麒、麟是兽，各为雄雌之称。

雄雌伯仲，颉颃轩轾

雌雄对决，难分伯仲。不相上下，（难）分出优劣。

真假优劣，良莠好坏

真质为优，假冒伪劣。好人的品行美善，坏人的品行恶劣。

赤黑皂白，粉黛艳朴

红色和黑色，黑色和白色，形成鲜明的对比。粉妆华丽，淡妆质朴。

胖瘦洪纤，美丑妍媸

形有胖瘦，体有大小。胖显得大，瘦显得小。事物有美好和丑陋，美更美，丑更丑。

喜怒乐哀，愉忧悦愠

情感有喜怒哀乐。喜而乐，怒而哀。愉快而高兴，忧愁而生气。

痛快哭笑，庄谐雅俗

痛苦而哭泣，快乐而欢笑。庄重高雅，谐趣通俗。

庄谐相宜，雅俗共赏。

声韵音义，律吕宫商

声中有音，韵中有义。从声（波）中辨出音，透过韵律知其涵义。（管径）长短，（音律）高低，（节奏）起伏产生美妙的音乐。

玑珠仄平，抑扬顿挫

诗句十分优美，富有平仄韵律。声音高低起伏、停顿转折，和谐动听。

六　政治和军事
liù　　zhèng zhì hé jūn shì

guó　jiā　cháo　yě

国	家	朝	野

shùn　nì　xiàng bèi

顺	逆	向	背

xiè　jiàng shèng shuāi

燮	强	盛	衰

zhì　luàn　jǔ　fèi

治	乱	举	废

jūn　chén　zhào　zòu

君	臣	诏	奏

yuán　fǔ　gǔ　gōng

元	辅	股	肱

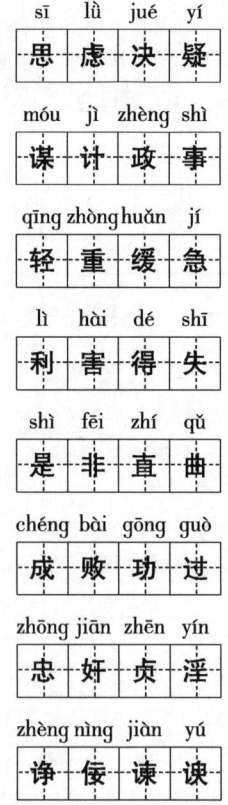

sī　lǜ　jué　yí

思　虑　决　疑

móu　jì　zhèng　shì

谋　计　政　事

qīng　zhòng　huǎn　jí

轻　重　缓　急

lì　hài　dé　shī

利　害　得　失

shì　fēi　zhí　qǔ

是　非　直　曲

chéng　bài　gōng　guò

成　败　功　过

zhōng　jiān　zhēn　yín

忠　奸　贞　淫

zhèng　nìng　jiàn　yú

诤　佞　谏　谀

gōng	sī	lián	tān
公	私	廉	贪

róng	chǐ	chǒng	rǔ
荣	耻	宠	辱

hào	jí	yù	wù
好	嫉	欲	恶

xǔ	jù	lìng	jìn
许	拒	令	禁

chēng	zī	yù	huǐ
称	訾	誉	毁

zāng	pǐ	bāo	biǎn
臧	否	褒	贬

zhāng	dān	shàn	è
彰	瘅	善	恶

jiǎng	chéng	shǎng	fá
奖	惩	赏	罚

pìn cí rèn miǎn

聘 辞 任 免

chù zhì yōu míng

黜 陟 幽 明

shèng fán xián yōng

圣 凡 贤 庸

wáng bà yīng wéi

王 霸 英 嵬

wén wǔ róu gāng

文 武 柔 刚

sōng jǐn chí zhāng

松 紧 弛 张

rén bào cí lì

仁 暴 慈 戾

wēi wǔ yán xiè

威 侮 严 懈

jūn mín jiāng shì

| 军 | 民 | 将 | 士 |

xiū qī huān bēi

| 休 | 戚 | 欢 | 悲 |

shēng sǐ cún wáng

| 生 | 死 | 存 | 亡 |

ān wēi yí xiǎn

| 安 | 危 | 夷 | 险 |

dǐ qīn yù jī

| 抵 | 侵 | 御 | 击 |

fǔ jiǎo xiáng kàng

| 抚 | 剿 | 降 | 抗 |

lǐng fā zhāo huī

| 领 | 发 | 招 | 挥 |

jìn tuì gōng shǒu

| 进 | 退 | 攻 | 守 |

shèn	hū	zhǔn	wù
慎	忽	准	误

bì	lǜ	yíng	shū
毖	率	赢	输

qiáng	ruò	dà	xiǎo
强	弱	大	小

yǒng	qiè	jìn	náo
勇	怯	劲	挠

bǎi	hé	dí	yǒu
捭	阖	敌	友

jìng	xié	zhàn	hé
竞	协	战	和

zì	jí	gǔ	jīn
自	及	古	今

jǐng	fěi	zhuī	táo
警	匪	追	逃

dé xíng shì zhū
德 刑 赏 诛

shè jiù zūn wéi
赦 咎 遵 违

guó jiā cháo yě
国—家，朝—野；

【注释】

国—家：国家—家庭。特指国家。

朝—野：朝廷—民间。

【大意】 国家朝廷，家庭民间。

【别对】 家—野（家养—野生） 都—野（都市—郊野）

【反义对举】

●国之不存，何以为家。

●家鸡野鹜同登俎，春蚓秋蛇总入奁。（宋朝 苏轼）

●朝野本无间，簪组（注：宦官）何用弃。（宋朝
苏颂）

shùn nì xiàng bèi
顺—逆，向—背。

【注释】

顺—逆：顺向—逆向。引申为顺正和邪逆。

向—背：迎合—背弃。引申为拥护和反对，如人心
　　向背。

【大意】只有顺应时代的发展才能得到社会拥护，反
　　　　之，如果违逆它就会遭到背弃。

【别对】迎—背（面对—背对）背—腹（背部—腹部）

【反义对举】

●顺者福之门，逆者祸之俯。（《刘子》）

●向月窥林者暗，背月窥林者明。（《投笔肤谈》）

●不知背逆，不知向顺，故无利害。（《列子》）

xiè jiàng shèng shuāi
燮—强，盛—衰；

【注释】

燮—强：和谐—捣乱。"强"通"犟"。

盛—衰：兴盛—衰落。

【大意】社会和谐兴盛，社会捣乱衰落。

【别对】旺—衰（昌—衰）

【反义对举】

●强弗友，刚克；燮友，柔克。（《周文》）

●古者致治之盛衰，视其学之兴废。（宋朝　欧阳修）

●夫月满则亏，物盛则衰，天地之常也。（《史记》）

zhì luàn jǔ fèi
治—乱，举—废。

【注释】

治—乱：安定—动乱。

举—废：兴办—废置。

【大意】 治则兴起，乱则颓废。治理混乱的政局，振
兴颓败的事业。

【别对】 理—乱（治—乱）

【反义对举】

●凡事预则立，不预则废。

●不以言举人，不以人废言。

●天下兼相爱则治，交相恶则乱。（先秦　墨翟）

jūn chén zhào zòu
君—臣，诏—奏；

【注释】

君—臣：君主—辅臣，主要的—次要的。

诏—奏：诏书—奏表。诏：皇帝发布命令。奏：向君
王进言或上书。

【大意】 君主下诏布告，辅臣上书表奏。

【反义对举】

●君臣相须，事同鱼水。（唐朝　李世民）

●伏奏见龙颜，旋持手诏还。（唐朝　戴叔伦）

●圣君知臣闲达节，事有轻重须从宜。（宋朝 苏颂）

^{yuán}元 ^{fǔ}辅，^{gǔ}股 ^{gōng}肱。

【注释】

元—辅：元首—辅臣，元音—辅音。元辅：重臣、宰
相。《金瓶梅诗话》曰："君犹元首，辅臣犹
腹心也。"

股—肱：大腿—胳膊。《左传》曰："君之卿佐，是谓
股肱；股肱或亏，何痛如之。"

【大意】 元首和辅臣的关系犹如人体的大腿和胳膊。

【别对】 主—辅（主导—辅助）

【反义对举】

●预防为主，治疗为辅。

●元辅才大功高，倚为股肱。（清朝 唐甄）

●股肱共一体，间不容戈矛。（宋朝 黄庭坚）

谁第一，谁第二？

王僧虔是南北朝时期著名的书法家。有一次，酷
爱书法的南齐太祖萧道成提出要与他比试高低。

于是，君臣二人都认真地写了一副楷书。写完之
后，志在必胜的齐太祖问王僧虔："你看，谁第一，谁
第二呢？"王僧虔镇静地回答说："为臣之书法，人臣

中第一；陛下之书法，皇帝中第一。"

这一机智巧妙的回答，既不失自己的尊严，又顾及齐太祖的面子，避免了君臣之间出现尴尬的局面。齐太祖听后，只好一笑了之。

分权制衡

春秋时期，管仲为齐国立下了汗马功劳。齐桓公准备立他为仲父，授予他全权管理国内外大事。

于是齐桓公召集群臣说："我准备立管仲为仲父。赞成的人请站到门的左边，反对的人请站到门的右边。"东郭牙却站到门的中间。

齐桓公问他："你为什么站到门的中间呢？"东郭牙反问说："以管仲的才能，能谋取天下吗？"齐桓公说："能。""以管仲的果断，他能干出一番大事吗？"齐桓公说："可以。"东郭牙进一步说："您知道他的才能足以能够谋取天下，他的果断能够干出大事，您就把治理国家的权利全交给他。以他的才能，凭借您打下的根基来治理齐国，不是很危险吗？"齐桓公说："说得好。"

于是就命令隰朋负责治理朝内，管仲治理朝外。

^{sī} ^{lǜ} ^{jué} ^{yí}
思—虑，决—疑；

【注释】

思—虑：思量—考虑。诸葛亮曰："思者，正谋也。虑者，思事之计也。"

决—疑：断定—疑惑。

【大意】 仔细思量考虑，果敢决断疑惑。

【别对】 信—疑（相信—怀疑）

【反义对举】

●凡决物，必托于疑者。（先秦　姜子牙）

●从古祸患来，每在思虑外。（清朝　黄遵宪）

●欲思其利，必虑其害；欲思其成，必虑其败。（三国　诸葛亮）

^{móu} ^{jì} ^{zhèng} ^{shì}
谋—计，政—事。

【注释】

谋—计：谋略—计策。

政—事：政务—事务，理政—治事。诸葛亮："政者，正名也；事者，劝功也。君劝其政，臣劝其事，则功名之道俱立矣。"

【大意】 谋略国家政务，计划具体事务。

【反义对举】

●政事分开，管办分离。

●非其位不谋其政，非其事不虑其计。（三国　诸葛亮）

●君惟其政，臣惟其事，是以明君之政修，则忠臣之事举。（三国　诸葛亮）

qīng zhòng huǎn jí
轻—重，缓—急；

【注释】

轻—重：重量小—重量大，轻微—严重，不重要—重要。

缓—急：缓慢—急速。

【大意】事情有不重要的和重要的，有缓办的和急要办的。不重要的缓办，重要的急办。

【别对】轻—沉（轻—重）

【反义对举】

●事有轻重缓急，不能不从长计议。

●两利相权就其重，两害相衡择其轻。

●缓事宜急干，敏则有功；急事宜缓办，忙则多错。

lì hài dé shī
利—害，得—失。

【注释】

利—害：有利—有害。利本是锋利，后引申为利益。害本义是伤害，后引申为灾害、祸害。

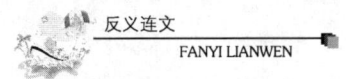

得—失：得到—失去。

【大意】做事要分清利害和计算得失。有益的事就能
　　　　得利，有害的事就会丧失。

【别对】得—丧（得到—丧失）

【反义对举】

●失众必败，得众必成。（唐朝　陆贽）

●利害有常势，取舍无定姿。（唐朝　韩愈）

●功者难成而易败，时者难得而易失。（汉朝　司马
　迁）

牝牡骊黄

　　伯乐向秦穆公推荐了九方皋。穆公便派他去寻找
千里马。过了三个月，九方皋回来报告说："已经找
到了，在沙丘那儿。"穆公问："是什么样的马呀?"
九方皋回答说："黄色的母马。"穆公派人到沙丘去取
马，却是匹黑色的公马。

　　穆公不悦，责备伯乐："你推荐的人竟连马的毛
色和公母都分不清，那怎么能寻找千里马呢?"伯乐
长叹道："这正是他在相马技术上胜过我好几万倍的
地方！他所观察到的，是非常深奥的道理。他抓住了
事物的实质，而忽略其表象；审察了内容，而忽略其

外形。他只去看他所要看的，而不去看他不必看的；他只观察他所应观察的，而放弃他不必观察的。像他这样的观察法，就有比相马更重大的意义呀!"

马牵来了，果然是一匹极其珍贵的千里马。

驴子过河

一头驴子驮着两大包盐过河。重重的盐已把它压得喘不过气来。

驴子过河时，一不小心栽倒在了水里去了，使劲挣扎了半天，也没能站起来。它索性躺在水里休息起来。过了一会儿，它感到背上的盐越来越轻，最后竟能毫不费力地站了起来。

驴子为自己的意外收获而感到庆幸。后来，又有一次，驴子驮着两大包棉花上路了。为了让背上的棉花变得轻一些，它特地拐到一条小河边，跪倒下去，像上次那样躺在河里一动不动。

过了一会儿，它想，背上的棉花一定变轻了，便要站起来，可是再也站不起来了。

是一非，直一曲；

【注释】

是一非：对一错。还指纠纷。

直—曲：笔直—弯曲。引申为有理和无理。

【大意】要分清是对还是错，是有理还是无理。
　　　　对的有理，错的无理。

【别对】是—否（对—错）平—直（横—竖）
直—枉（直—弯）直—罔（正直—邪曲）

【反义对举】

●师直为壮，曲为老。（先秦　老聃）

●形枉则影曲，形直则影正。

●毁誉从来不可听，是非终久自分明。

chéng　bài　gōng　guò
成 —败，功 —过。

【注释】

成—败：成功—失败。败：失败、打败。

功—过：功劳—过失。过本义为经过，后引申为超越
　　　　和过失。

【大意】成就事业的人有功劳，败坏事业的人有过错。

【别对】胜—败（胜利—失败）适—过（合适—超过）

【反义对举】

●成为王，败为寇。

●功不独居，过不推人。

●抑过补不足，辅相其适平。（宋朝　陆游）

忠 一奸，贞一淫；
<small>zhōng jiān zhēn yín</small>

【注释】

忠—奸：忠诚—奸诈。

贞—淫：贞操—淫荡。

【大意】 忠臣坚贞操守，奸臣荒淫无道。

【反义对举】

●无奸不显忠，无丑不显俊。

●忠奸自古如冰炭，善恶从来分泾渭。

●造化氤氲之气，分阴分阳，贞淫各出，其贞气所感，
 则为忠孝节烈之事；其淫气所感，则为放荡邪慝之
 事。（清朝 吴伟业）

诤 一佞，谏一谀。
<small>zhèng nìng jiàn yú</small>

【注释】

诤—佞：诤谏—谄媚。

谏—谀：规劝—奉承。

【大意】 忠臣诤言规劝，奸臣谄媚奉承。

【反义对举】

●君恶闻其过，则诤化为佞；君乐闻真言，则佞化为
 诤。（《资治通鉴》）

●明王纳谏，病就苦而能消；暗主从谀，命因甘而致

损。（唐朝　李世民）

●馋谀者亲，谏争者疏，修正为笑，至忠为贼，虽欲无灭亡，得乎哉？（先秦　荀况）

公—私，廉—贪；
gōng　sī　lián　tān

【注释】

公—私：公家—私人。

廉—贪：廉洁—贪污。

【大意】 为公廉洁，为私贪婪。

【别对】 廉—耻（廉操—知耻）廉—污（清廉—贪污）

【反义对举】

●以公灭私，民其允怀。（《书》）

●国而忘家，公而忘私。

●持重而廉者多得；轻易而贪者多丧。（《棋经》）

荣 —耻，宠 —辱。
róng　chǐ　chǒng　rǔ

【注释】

荣—耻：光荣—耻辱。

宠—辱：宠幸—羞辱。

【大意】 光荣受到社会宠幸，耻辱受到社会羞辱。

【别对】 荣—辱（荣誉—耻辱）

【反义对举】

●得宠思辱，安居虑危。

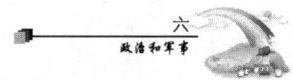

●千秋万岁后，谁知荣与辱。（晋朝　陶渊明）
●所荣者善行，所耻者恶名。（宋朝　王安石）

杨震拒贿

　　杨震是东汉人。他为人公正廉洁，不谋私利，是历史上少有的清官。

　　杨震曾做过荆州刺史，后调任为东莱太守。当他赴任东莱时，途经昌邑。

　　当时的昌邑县令王密是他任职荆州刺史时荐举的官员，听得杨震到来，晚上悄悄去拜访杨震，并带黄金十斤作为礼物。王密送这么厚重的礼物，一是想报答杨震过去的荐举之恩，二是想通过送礼请这位老上司以后再多加关照。

　　可是杨震当场拒绝了这份厚礼，说："我们是老朋友，我很了解你的为人，你却不了解我，这是为什么呢？"

　　王密以为杨震假装客气，便说："现在已是深夜，没人会知道的。"杨震生气了，说："天知、地知、我知、子知，何谓无知者？"

　　王密听完后，十分惭愧，只得带着礼物，灰溜溜地归去。

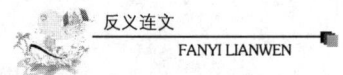

从此杨震拒贿的这则故事被传为美谈。

好—嫉，欲—恶；
hào　jí　yù　wù

【注释】

好—嫉：喜爱—痛恨，羡慕—嫉妒。

欲—恶：喜好—厌恶。

【大意】 羡慕产生喜好，嫉妒产生厌恶。

【别对】 好—恶（喜欢—讨厌）

【反义对举】

●激浊扬清，疾恶好善。（唐朝　吴兢）

●众恶之，必察焉；众好之，必察焉。（先秦　孔丘）

●情之所恶，不以强人；情之所欲，不以禁民。（汉朝　晁错）

许—拒，令—禁。
xǔ　jù　lìng　jìn

【注释】

许—拒：容许—禁止。

令—禁：号令—制止。

【大意】 容许可令行，拒绝则制止。

【别对】 禁—宽

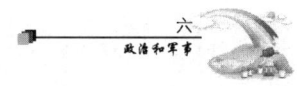

【反义对举】

●有令则行，有禁必止。

●有所取必有所舍，有所禁必有所宽。（宋朝 苏轼）

●勿妄而许，勿逆而拒。许之则防守，拒之则闭塞。

（先秦 姜子牙）

_{chēng zǐ yù huǐ}
称—訾，誉—毁；

【注释】

称—訾：称颂—诋毁。

誉—毁：赞誉—毁损。

【大意】 称颂赞誉，责备訾毁。

【别对】 称、赞、誉—讥、责、诮、毁

【反义对举】

●好面誉人者，亦好背而毁之。（先秦 庄周）

●百人誉之不加密，百人毁之不加疏。（宋朝 苏洵）

●称往古而訾当世，贱所见而贵所闻。（《盐铁论》）

_{zāng pǐ bāo biǎn}
臧—否，褒—贬。

【注释】

臧—否：褒奖—批评。

褒—贬：好的—坏的，赞扬—指责。借指评论好坏。

【大意】 褒奖好的，批评坏的，要恰当地评论人物的

好坏。

【别对】否—泰（最坏—最好）

【反义对举】

●动见臧否，言之利害。（唐朝　王勃）

●俯仰无愧天地，褒贬自有春秋。（先秦　孟轲）

●天地顺则人气泰，天地逆则人气否。（汉朝　华佗）

zhāng　dān　shàn　è
彰 —瘅，善 —恶；

【注释】

彰—瘅：表彰—憎恶。

善—恶：好的—坏的。

【大意】表彰好的，斥责恶的。

【别对】美—恶（美—丑）

【反义对举】

●苟彰瘅失宜，尤难三军立绩。（唐朝　张九龄）

●勿以恶小而为之，勿以善小而不为。（三国　诸葛
　亮）

●善恶等则贤愚混，赏罚乱则纲纪散。（宋朝　许洞）

jiǎng　chéng　shǎng　fá
奖 — 惩 ， 赏 — 罚。

【注释】

奖—惩：奖励—惩罚。

赏—罚：奖赏—处罚。

【大意】奖赏功臣，惩罚罪人。

【别对】刑—赏；诛—赏；劝—惩（奖—惩）

【反义对举】

●有功必奖，有过必惩。

●赏不遗远，罚不阿近。《三国志》

●刑赏之本，在乎劝善而惩恶。（唐朝　吴兢）

孙武练兵

　　孙武是我国春秋时期著名的军事家。

　　有一次，他带着兵法去见吴王阖闾。吴王便用宫女让他练兵。

　　孙武从中挑了百余人，并让吴王的两个宠姬分任队长，每人各持战戟，站成两队。

　　孙武首先向她们详细地讲述操练要领，但当正式喊口令时，这些宫女却嘻嘻哈哈的，没按口令来操练。孙武再次强调了一遍，要求两个队长以身作则。但当他再次喊口令时，宫女们还是满不在乎，哈哈大笑。孙武按军纪法办了这两名队长。

　　场上顿时肃静起来，她们被吓得不敢出声，完全按照口令来操练。孙武派人请吴王去检阅，吴王正为

失去两个宠姬而痛心，更没有心思去看。

后来，孙武成为吴国最重要的军事家之一，为吴王缔造霸业立下了汗马功劳。

李渊行赏

隋朝末年，唐太祖李渊攻克了霍邑。

在论功行赏时，军中有人认为奴仆是应当征募的，不应与良家子弟享受同等待遇。李渊听后不以为然地说："箭矢弹丸之中，没有贵贱之分；论功行赏时，为何要搞等级特殊化呢？应一律按照军功授勋。"

有的人说不应把官给得太滥，但李渊却说："隋炀帝舍不得封官行赏，以致失去人心，我为何要效仿他？况且用官职收买人心，不是比用兵去征服他们要强很多吗？"

pìn　cí　rèn　miǎn
聘—辞，任—免；

【注释】

聘—辞：聘任—辞退。

任—免：任命—罢免。

"免"与"陟""罢""夺"都是免去官职的意思。

【大意】招聘和任用人才，辞退和罢免庸才。

【别对】辞—受（推辞—接受）

【反义对举】

●甘贫辞聘币，依选受官资。（唐朝　姚合）

●胜其任者处官，不胜其任者废免。（先秦　管仲）

●有留心则必受之，无留心则必辞矣。（汉朝　司马迁）

chù　zhì　yōu　míng
黜—陟，幽—明。

【注释】

黜—陟：黜退—晋升。

幽—明：昏愚—贤明。

【大意】黜退昏愚的官员，晋升贤明的官员。

【反义对举】

●黜陟臧否，不宜异同。（三国　诸葛亮）

●黜陟幽明，黎庶繁息。（汉朝　曹操）

●利明不利幽，利宣（注：宣扬）不利周（注：隐蔽）。（先秦　荀况）

shèng　fán　xián　yōng
圣—凡，贤—庸；

【注释】

圣—凡：圣人—凡人。

贤—庸：贤达—平庸。

【**大意**】圣人贤达，凡人平庸。

【**别对**】贤—佞（贤明—奸佞）

【**反义对举**】

● 佛魔削迹，凡圣泯踪。（宋朝　释慧远）

● 庸贤起幽谷，钦言非象犀。（南北朝　沈约）

● 观其所权贤妄可论，察其发动邪正可名。（汉朝
　王充）

wáng　bà　yīng　wěi
王—霸，英—嵬。

【**注释**】

王—霸：王业—霸业，王道—霸道。王：春秋时周天
　　　　子为各诸侯国之共主，称王。霸：诸侯国中
　　　　的盟主，称"霸"。

英—嵬：英明—险诈。

【**大意**】王者英明，霸者险诈。

【**反义对举**】

● 大则以王，小则以霸。（先秦　孟轲）

● 王者富民，霸者富士。（先秦　荀况）

● 尧、舜者，天下之英也；朱、象者，天下之嵬，一
　时之琐也。（先秦　荀况）

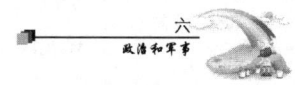

^{wén} ^{wǔ} ^{róu} ^{gāng}
文—武，柔—刚；

【注释】

文—武：文才—武艺。指文治武功。

柔—刚：柔弱—刚强。分别代表阴性、女性和阳性、
男性。

【大意】 文为柔，武为刚。文韬武略，刚柔兼济。

【别对】 文—质（华美—质朴）柔—坚（软弱—坚强）

【反义对举】

●文能克武，柔能制刚。（《三略》）

●经纬天地之谓文，勘定祸乱之谓武。（唐朝 韩愈）

●水竹以为质，质立而文随。文之者何人，公来亲指
麾。（唐朝 白居易）

^{sōng} ^{jǐn} ^{chí} ^{zhāng}
松—紧，弛—张 。

【注释】

松—紧：放松—加紧。分别表示物体受拉和受压后的
一种状态。

弛—张：松弛—紧张。

【大意】 一放就松，一收就紧，适度为宜。

【别对】 张—合（张开—合拢）

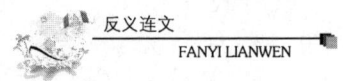
【反义对举】

●花钱要紧，穿衣要松。

●松紧有度，收放自如。

●文武之道，一张一弛。（先秦 孔丘）

七擒七纵

孟获是三国时期蜀国南部山区一个比较有影响力的部落首领。

公元 225 年，正当诸葛亮准备领兵北上伐魏时，孟获突然起兵反叛。

诸葛亮认为：用兵之道，攻心为上，攻城为下；心战为上，兵战为下。只有使之心服，才能永远免去兵祸。因此，他多次用计谋活捉了孟获，可是每次孟获都不服气，不甘心自己的失败，诸葛亮都无条件地释放了他。

在反复较量中，诸葛亮始终坚持"心战为上""擒贼先擒王"的策略，对孟获七擒七放，终于使孟获感激涕零，发誓永保南中安定，不再造反，从而使蜀国南部恢复了秩序，为诸葛亮挥师北上，提供了坚实的后方保障。

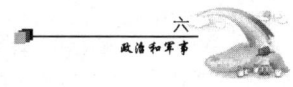

晏婴罢庸臣

晏婴是春秋时期齐国著名的政治家。

在他担任齐国大夫期间，他手下有个叫高缭的人，在他那里做了三年官，从来没有办过什么错事。

有一天，晏婴突然把他辞退了。晏婴身边的人都觉得奇怪和不解，晏子却解释说："我是一个不中用的人，正如一块弯曲的木料，必须用规矩来定方圆，用斧头来削，用刨刀来刨，才能成为有用的器具。而高缭虽与我一起做事已经足足三年了，对于我的过失，却从来不曾提及，这对我有什么用呢？所以我就把他辞退了。"

rén bào cí lì

仁一暴，慈一戾；

【注释】

仁一暴：仁爱—凶恶。

慈—戾：慈爱—凶暴。

【大意】仁爱慈善，凶恶残忍。

【别对】仁—义（仁爱—道义）慈—狠（仁慈—凶狠）

【反义对举】

●民劳思逸，治暴思仁。（西汉 韩婴）

●罚薄不为慈，诛严不为戾。（先秦 韩非）

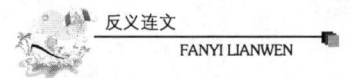

●立天之道曰阴与阳，立地之道曰柔与刚，立人之道曰仁与义。（《周易》）

_{wēi　wǔ　yán　xiè}
威—侮，严—懈。

【注释】

威—侮：敬畏—侮薄。

严—懈：严格—松懈。

【大意】威武严厉，侮薄懈怠。

【别对】严—慈（严厉—慈祥）严—宽（严格—宽容）

【反义对举】

●立法贵严而责人贵宽。（宋朝　苏轼）

●故刑当罪则威，不当罪则侮。（先秦　荀况）

●以诱待来，以静待躁；以重待轻，以严待懈；以治待乱，以守代攻。（唐朝　李靖）

_{jūn　mín　jiàng　shì}
军—民，将—士；

【注释】

军—民：军队—民众。

将—士：将领—士兵。

【大意】国防支柱：军队、百姓、将领、士兵。

【别对】帅—卒（统帅—士兵）将—卒（将—兵）

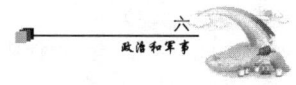

【反义对举】

● 军民一家亲，鱼水情谊深。

● 将在谋而不在勇，兵在精而不在多。（明朝　冯梦龙）

● 良将不却死以苟免，烈士不毁节以求生。（《三国志》）

xiū　　qī　　huān　　bēi
休一戚，欢一悲。

【注释】

休一戚：欢乐一忧愁。

欢一悲：欢喜一悲伤。

【大意】 军民的喜乐悲愁紧密联系。

【别对】 戚一欣（悲伤一高兴）戚一疏（亲近一疏远）

【反义对举】

● 人有悲欢离合，月有阴晴圆缺。（宋朝　苏轼）

● 一生休戚与穷通，处处相随事事同。（唐朝　白居易）

● 闻毁勿戚戚，闻誉勿欣欣；自顾行何如，毁誉安足论。（唐朝　白居易）

shēng　sǐ　cún　wáng
生一死，存一亡；

【注释】

生一死：生存一死亡。分别表示生命产生或活着和生

命消失或死亡，指正常的寿命。

存—亡：存在—消逝。引申指沦陷或丧失。

【大意】或生存，或死亡，社会局势已到紧要关头。

【别对】生—熟；生—卒；生—杀；存—灭。

【反义对举】

●有死之荣，无生之辱。（先秦　吴起）

●生为百夫雄，死为壮士规。（三国　王粲）

●投之亡地然后存，陷之死地然后生。（先秦　孙武）

安—危，夷—险。

【注释】

安—危：安全—危险。

夷—险：平坦—崎岖。分别表示顺利和艰难。

【大意】安全之路平坦，危险之地崎岖。

【别对】平—险（平安—凶险）险—易（凶—吉、险阻—平坦）

【反义对举】

●安危不贰其志，险易不革其心。（唐朝　魏征）

●居安思危，在治思乱，处平虑险。

●夫夷以近，则游者众；险以远，则至者少。（宋朝　王安石）

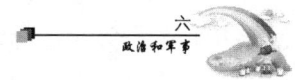

dǐ　qīn　　yù　jī
抵—侵，御—击；

【注释】

抵—侵：抵抗—侵略。

御—击：防御—攻击。

【大意】 军民共同抵抗外寇的侵略，防御敌人的袭击。

【反义对举】

● 军民齐力抵外侵。

● 击蒙，不利为寇，利御寇。（《周易》）

● 匿形注目摇雨股，卒然一击势莫御。（宋朝　陈师
道）

fǔ　jiǎo　xiáng　kàng
抚—剿，降—抗。

【注释】

抚—剿：招抚—征剿。

降—抗：投降—抵抗。

【大意】 招抚投降的敌人，剿灭顽抗的敌人。

【反义对举】

● 刚柔并济，抚剿并用。

● 剿抚兼施，乱则声讨，治则抚绥。

● 法主懒安共徜徉，李薛咨参互击扬。

　　摆脱利欲心清凉，是以能全此至刚。

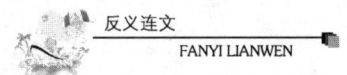

黄巢兵乱来福唐，公力抗之不肯降。

欣然引颈齿剑芒，白乳上涌如雪霜。（宋朝　郑昂）

领—发，招—挥；
líng　fā　zhāo　huī

【注释】

领—发：领取—发放。

招—挥：招来—挥去。

【大意】接受命令招集人马，发出号令挥动军队。

【别对】召—挥（招来—挥去）收—发（收回—发放）

【反义对举】

●招之即来，挥之即去。（现代　毛泽东）

●将军领命发兵，出征应战。

●乱败之及，一发不可收也。（清朝　王夫之）

进—退，攻—守。
jìn　tuì　gōng　shǒu

【注释】

进—退：前进—后退，进攻—退却。表示做事的分寸。

攻—守：进攻—防守。

【大意】前进是为了进攻，退却时为了防守。

【别对】进—出（进入—出去）退—伐（退却—征伐）

　　　　　防—攻（防守—进攻）征—守（征伐—守卫）

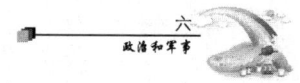

【反义对举】

● 逆水行舟，不进则退。

● 退舍进用自殊致，大义当以公言推。（宋朝　苏颂）

● 不可胜者，守也；可胜者，攻也。守则有余，攻则
不足。善守者，藏于九地之下；善攻者，动于九天
之上，故能自保而全胜也。（先秦　孙武）

田忌赛马

　　孙膑是战国时期齐国人。他因才能出众而被同学
庞涓所忌，惨遭断足刺面之刑。在齐国使者的帮助下，
他摆脱了庞涓的监视，回到了齐国，受到齐将田忌的
重视。

　　那时田忌经常与齐王和诸公子赛马，设重金赌注。
田忌往往在比赛中输多赢少。有一次，陪同去观赛的
孙膑发现他们的马脚力都相差无几，双方都各有上、
中、下三等的马。于是他对田忌说："您只管把赌注
下得大大的，我保准让您赢。"田忌听从他的话，与
齐王和诸公子压千金作赌注。临赛前，孙膑说："现
在用你的下等马去对付他们的上等马，用您的上等马
去对付他们的中等马，用您的中等马去对付他们的下
等马。"三等马比赛完了，田忌的马两胜一负，最终

赢得齐王和诸公子的千金赌注。

后来，田忌推荐孙膑给齐威王。齐威王向孙膑请教兵法，拜他为军师。十多年后，魏国与赵国进攻韩国，韩国向齐国求救。齐军以田忌为统帅、孙膑为军师，大破魏军。庞涓智穷兵败，最后死在了马陵。

shèn　hū　　zhǔn　wù
慎—忽，准—误；

【注释】

慎—忽：慎重—怠忽。

准—误：准确—错误。

【大意】 只有慎重才能准确，怠忽必会出现错误。

【别对】 慎—怠（慎重—懈怠）正—误（正确—错误）

　　　　 故—误（故意—失误）故—过（故意—过失）

【反义对举】

●一是误，再是故。

●校对不准，称量必误。

●毋矜清而傲浊，毋慎大而忽小，毋勤始而怠终。

　（清朝　金兰生）

shuài　bì　　shū　yíng
率—毖，输—赢。

【注释】

率—毖：轻率—谨慎。

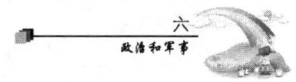

输—赢：失败—胜利。

【大意】轻率导致失败，谨慎赢得胜利。

【别对】胜、赢—输、败、负

【反义对举】

●事成于慎焘，而败于轻率。

●有理说不输，无理说不赢。

●王者之兵，胜而不骄，败而不怨。（《商君书》）

_{qiáng} _{ruò} _{dà} _{xiǎo}
强 —弱，大—小；

【注释】

强—弱：健壮—虚弱。事物在气力、势力等方面构成
　　　　反义关系。

大—小：大—小。事物在数量、面积等方面构成反义
　　　　关系。

【大意】兵马强壮显得高大，兵马羸弱显得卑小。

【反义对举】

●小不忍则乱大谋。（先秦　孔丘）

●彼强自保，我弱取和。（《象棋十决》）

●弱不可以敌强，寡不可以敌众。

_{yǒng} _{qiè} _{jìn} _{náo}
勇 —怯，劲—挠。

【注释】

勇—怯：勇敢—胆怯。

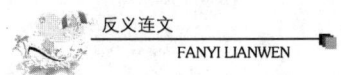
劲—挠：劲直—屈挠。

【大意】勇敢者劲直，胆怯者屈挠。

【别对】劲—疲（强劲—疲惫）勇—惮（勇敢—怯懦）

【反义对举】

●劲者先，疲者后。（先秦　孙武）

●勇者不得独进，怯者不得独退。（先秦　孙武）

●剑不试则利钝暗，弓不试则劲挠诬，鹰不试则巧拙惑，马不试则良驽疑。（汉朝　王符）

减灶与增灶

　　战国时期，齐魏两国在边界上交战。齐将孙膑深知魏将庞涓的用兵特点，就设计来诱惑他。当齐军进入魏国时有十万军灶，次日孙膑命令将军灶减至五万，第三天再减至三万，以此来迷惑魏军。庞涓不知是计，带领魏军连追三天，看到齐军的军灶一天天地锐减下去，高兴地说："我本来就知道齐军胆怯畏战，果然如此。他们开进才三天，士兵就已损失大半了。"于是亲率轻兵猛追，结果中了孙膑的埋伏，兵败身亡。

　　东汉末年，西北羌人攻扰武都郡。朝廷派虞诩率兵前去应战。虞诩率三千人马，刚到陈仓就被数千羌人阻截，无法前进。虞诩暂时按兵不动，并故意释放

出消息，说已向朝廷请求援兵，等援兵赶到后再发起
攻击。羌人得到这个情报后信以为真，于是分兵去抄
掠邻县的财物。趁羌人分散之际，虞诩马上组织突围，
昼夜兼程，日行竟达二百里。同时他命令士兵在扎营
做饭时，每人各造两个火灶，逐日倍增。羌人见虞诩
的火灶一天天地增加起来，以为汉朝援兵陆续赶到，
士无斗志，便赶紧撤军回巢了。

捭一阖，敌一友；

【注释】

捭一阖：分化一拉拢。

敌一友：敌人一朋友。

【大意】 分化敌人，拉拢朋友。

【别对】 阖—辟（闭合—开启） 开—阖（开—合）

　　　　敌—我（敌方—我方）

【反义对举】

●践墨随敌，敌变我变。（先秦　孙武）

●化敌为友，化干戈为玉帛。

●即欲捭之贵周，即欲阖之贵密。（先秦　姜子牙）

jīng xié　zhàn hé
竞—协，战 —和 。

【注释】

竞—协：竞争—协作。

战—和：战争—和平。

【大意】 竞争犹如战争，协作促进和平。

【别对】 竞—合（竞争—合作）

【反义对举】

●敢战方能言和。（现代　周恩来）

●化零和竞争为双赢竞协。

●塞上如今无战尘，汉家公主出和亲。（汉朝　张籍）

zì　jí　gǔ jīn
自—及，古 —今 ；

【注释】

自—及：从—到。

古—今：过去—现在。

【大意】 从过去到现在。

【别对】 自—至、讫、洎（从—到）

　　　　　今—昨（今天—昨天）今—明（今天—明天）

　　　　　今—昔（现在—过去）今—曩（现在—过去）

【反义对举】

●自古及今，奕者无同局。（《棋经十三篇》）

●观今宜鉴古，无古不成今。

●疑今者察之古，不知来者视之往。（先秦　管仲）

jǐng fěi zhuī táo
警—匪，追—逃。

【注释】

警—匪：警察—匪徒。

追—逃：追捕—逃跑。

【大意】警察追捕逃匪，将他们绳之以法。

【反义对举】

●天涯海角，有逃必追。

●警匪同一家，百姓受欺压。

●逃暑追凉荫碧萝，清池咫尺阻经过。（宋朝　李洪）

dé xíng shì zhū
德—刑，贳—诛；

【注释】

德—刑：仁德—刑罚。荀子曰："杀戮之谓刑，庆赏之
谓德。"

贳—诛：宽纵—惩罚。

【大意】教化宽纵，刑罚惩处，两种并用。

【别对】诛—赦（杀戮—赦免）

【反义对举】

●主施赏不迁，行诛无赦。（先秦　韩非）

●刑故无小，宥过无大。圣君原心省意，故诛故赏误。

●二仪不能废春秋以成岁，明主不能舍刑德以致治。

（晋朝　葛洪）

赦—咎，遵—违。

【注释】

赦—咎：赦免—追究。

遵—违：遵守—违犯。

【大意】 赦免遵纪守法者，追究违法乱纪者。

【别对】 顺—违（从—违）依—违（顺从—违背）

休—咎（吉—凶，善—恶）

【反义对举】

●旧谊尚存，新咎难赦。

●依佛不违亲，高堂与寺邻。（唐朝　卢纶）

●遵章行驶莫违规，交通肇事罪难赦。

正文及大意

国家朝野，顺逆向背

国家朝廷，家庭民间。只有顺应时代的发展才能得到社会拥护，反之，如果违逆它就会遭到背弃。

燮强盛衰，治乱举废

社会和谐兴盛，社会捣乱衰落。治理混乱的政局，振兴颓败的事业。

君臣诏奏，元辅股肱

君主下诏布告，辅臣上书表奏。元首和辅臣的关系犹如人体的大腿和胳膊。

思虑决疑，谋计政事

仔细思量考虑，果敢决断疑惑。谋略国家政务，计划具体事务。

轻重缓急，利害得失

事情有不重要的和重要的，有缓办的和急要办的。不重要的缓办，重要的急办。做事要分清利害和计算得失，有益的事就能得利，有害的事就会丧失。

是非直曲，成败功过

要分清是对还是错，是有理还是无理。成就事业的人有功劳，败坏事业的人有过错。

忠奸贞淫，诤佞谏谀

忠臣坚贞操守，奸臣荒淫无道。忠臣诤言规劝，奸臣谄媚奉承。

公私廉贪，荣耻宠辱

为公廉洁，为私贪婪。光荣受到社会宠幸，耻辱受到社会羞辱。

好嫉欲恶，许拒令禁

羡慕产生喜好，嫉妒产生厌恶。容许可令行，拒

绝则制止。

称訾誉毁，臧否褒贬

称颂赞誉，责备訾毁。褒奖好的，批评坏的，要恰当地评论人物的好坏。

彰瘅善恶，奖惩赏罚

表彰好的，斥责恶的。奖赏功臣，惩罚罪人。

聘辞任免，黜陟幽明

招聘和任用人才，辞退和罢免庸才。黜退昏愚的官员，晋升贤明的官员。

圣凡贤庸，王霸英傀

圣人贤达，凡人平庸。王者英明，霸者险诈。

文武柔刚，松紧弛张

文为柔，武为刚，文韬武略，刚柔兼济。一放就松，一收就紧，适度为宜。

仁暴慈戾，威侮严懈

仁爱慈善，凶恶残忍。威武严厉，侮薄懈怠。

军民将士，休戚欢悲

国防支柱：军队、百姓、将领、士兵。军民的喜乐悲愁紧密联系。

生死存亡，安危夷险

要么生存，要么死亡，社会局势已到紧要关头。

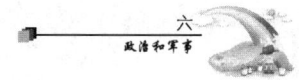

安全之路平坦，危险之地崎岖。

抵侵御击，抚剿降抗

军民共同抵抗外寇的侵略，防御敌人的袭击。招抚投降的敌人，剿灭顽抗的敌人。

领发招挥，进退攻守

接受命令招集人马，发出号令挥动军队。前进是为了进攻，退却是为了防守。

慎忽准误，毖率赢输

只有慎重才能准确，急忽必会出现错误。轻率导致失败，谨慎赢得胜利。

强弱大小，勇怯劲挠

兵马强壮显得高大，兵马赢弱显得卑小。勇敢者劲直，胆怯者屈挠。

捭阖敌友，竞协战和

分化敌人，拉拢朋友。竞争犹如战争，协作促进和平。

自及古今，警匪追逃

从过去到现在，警察追捕逃匪，将他们绳之以法。

德刑赏诛，赦咎遵违

教化宽纵，刑罚惩处，两种并用。赦免遵纪守法者，追究违法乱纪者。

qī　　xué yè hé sī xiǎng
七　学业和思想

shī	tú	dài	gēn
师	徒	带	跟

jiāo	xué	chuán	xí
教	学	传	习

gào	wèn	shuō	tīng
告	问	说	听

bì	wú	zhūn	miǎo
必	毋	谆	藐

gāng	mù	bó	yuē
纲	目	博	约

fán	jiǎn	xiáng	lüè
繁	简	详	略

nán　yì　ào　xiǎn

难　易　奥　显

piān jiān wàng jì

偏　兼　忘　记

jiā jiǎn chéng chú

加　减　乘　除

zǒng fēn děng chā

总　分　等　差

dān shuāng jī ǒu

单　双　奇　偶

zhòng xiǎn duō shǎo

众　鲜　多　少

chángduǎn kuān zhǎi

长　短　宽　窄

gāo dī shēn qiǎn

高　低　深　浅

fāng	yuán	jǔ	guī
方	圆	矩	规

shù	xíng	liàng	zhì
数	形	量	质

shǒu	wěi	duān	mò
首	尾	端	末

chū	zhōng	shǐ	zú
初	终	始	卒

yīn	guǒ	yuán	wěi
因	果	原	委

yuán	liú	qián	xiàn
源	流	潜	现

wèi	yǐ	wú	yǒu
未	已	无	有

wēi	zhuó	jiàn	tū
微	著	渐	突

lǚ	hǎn	pǔ	tè
屡	罕	普	特

céng	fēn	shèn	xiǎn
曾	龂	甚	勘

bǐ	cǐ	nà	zhè
彼	此	那	这

zhèng	fǎn	máo	dùn
正	反	矛	盾

duì	cuò	kěn	fǒu
对	错	肯	否

jiē	mò	yí	jì
皆	蓦	宜	忌

yán	gé	fǎng	chuàng
沿	革	仿	创

cháng	biàn	fǎ	huà
常	变	法	化

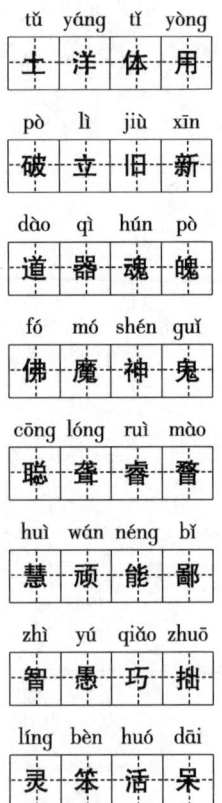

tǔ yáng tǐ yòng
土 洋 体 用

pò lì jiù xīn
破 立 旧 新

dào qì hún pò
道 器 魂 魄

fó mó shén guǐ
佛 魔 神 鬼

cōng lóng ruì mào
聪 聋 睿 瞀

huì wán néng bǐ
慧 顽 能 鄙

zhì yú qiǎo zhuō
智 愚 巧 拙

líng bèn huó dāi
灵 笨 活 呆

huá	hān	xiá	chī
猾	憨	黠	痴

duó	wàng	wù	mí
度	妄	悟	迷

yán	mò	biàn	nè
言	默	辩	讷

xiǎng	yǎ	huá	jì
响	哑	哗	寂

gēng	dú	yú	liè
耕	读	渔	猎

zǎo	wǎn	bō	huò
早	晚	播	获

shī　tú　dài　gēn
师—徒，带—跟；

【注释】

师—徒：师傅—徒弟。

带—跟：引导—跟随。

【大意】师傅引导，徒弟跟随。

【别对】师—生（教师—学生）

【反义对举】

●先跟后带，先学后教。

●严师出高徒，厉将出雄兵。

●收徒要看人，学武要择师。

<small>jiāo xué chuán xí</small>
教—学，传 —习。

【注释】

教—学：教授—学习。

传—习：传授—习练。

【大意】老师教育学生，传授知识；学生学会为人，
相因践行。

【反义对举】

●师生相助，教学相长。

●传不习乎？（《论语》）

●学，然后知不足；教，然后知困。（《礼记》）

奕秋教学

　　战国时期，有个棋手叫秋，是全城公认的最擅长
下棋的人。

有人请他同时教两个学生下棋。其中一个人专心致志地学，老师怎么教他就怎么学。另一个人虽然也在听老师讲课，可总是心不在焉，老以为有天鹅就要飞过来了，想拿弓箭去射它，虽然和那个人一起学习，可是始终赶不上他。

你认为这是那个人的智力比不上他吗？这是值得大家去思考的事情。

纪昌学射

春秋时期，有个叫纪昌的人，想学射箭，就去向当时的射箭能手飞卫请教。

飞卫说："你先学会看东西不眨眼，然后再来谈射箭。"

纪昌回到家后就开始练习起来。他每天仰面躺在家里的织布机下，睁大眼睛，注视着来回穿梭的梭子。两年之后，他已经做到了即使有人用针刺他的眼皮，他也不眨一下眼睛的程度。

纪昌又去找飞卫。飞卫说："这还不够，还要学会看东西。只有练到能把极小的东西看成大东西时，你再来找我。"

纪昌回家后，把一只用一根长发系着的虱子悬挂

在窗口上，然后每天聚精会神地盯着它看。这样过了三年之后，小小的虱子在它眼里已经大如车轮了。

飞卫知道后，非常高兴，开始教他射箭技术。后来，纪昌成了一名百发百中的射箭高手。

gào wèn shuō tīng
告—问，说—听；

【注释】

告—问：告诉—询问。

说—听：说话—听讲。

【大意】 一问一答，一听一说，互动教学。

【别对】 问—对（提问—对答）问—答（提问—回答）

问—应（提问—回应）闻—说（听—讲）

【反义对举】

●问则对，不问则述。（隋朝　王通）

●道听而途说，德之弃也。（先秦　孔丘）

●未有问而不告，求而不得者也。（明朝　宋濂）

bì wú zhūn miǎo
必—毋，谆—藐。

【注释】

必—毋：一定—不要。

谆—藐：诚恳—轻视

【大意】务必诚恳，切勿轻视。

【反义对举】

●诲尔谆谆，听我藐藐。（《诗经》）

●饮食必节，毋求过饱。

●校对文字，必准毋误。

gāng mù bó yuē
纲—目，博—约；

【注释】

纲—目：总纲—细目。总纲网罗细目，细目充实总纲。

博—约：丰富—简要。指文章内容广博，言简意明。

【大意】大纲内容丰富，细目简单明了。

【别对】博—浅（通达—肤浅）丰—约（丰裕—简约）

【反义对举】

●辞约而旨丰，事近而喻远。（南北朝 刘勰）

●善读书者，始乎博，终乎约。（清朝 汪婉）

●举一纲而万目张，解一卷而众篇明。（汉朝 郑玄）

fán jiǎn xiáng lüè
繁—简，详—略。

【注释】

繁—简：繁多—简约。

详—略：详细—简略。

【大意】繁多详细，简约不烦。

【别对】 繁—省（繁密—简约）详—要（详细—简要）
　　　　备—略（完备—简略）

【反义对举】

● 史有文质，辞有详略。（晋朝　杜预）

● 主大计者，必执简以御繁。（宋朝　苏辙）

● 论文者求其当否而已，繁省岂所计哉。（金朝　王
若虚）

难—易，奥—显；

【注释】

难—易：困难—容易。

奥—显：深奥—浅显。

【大意】 艰深难懂，简单明了。

【别对】 藏—显、隐—显（隐匿—显现）

【反义对举】

● 巧妙设例，化深奥为浅显。

● 图难于其易，为大于其细。（先秦　老聃）

● 好事尽从难处得，少年无问易中轻。（唐朝　李咸
用）

偏—兼，忘—记。

【注释】

偏—兼：偏向—兼顾。

208

忘—记：遗忘—牢记。忘记：偏重于忘，表示不记得。

【大意】偏向易忘，兼顾易记。

【别对】全—偏（全面—片面）忘—怀（忘记—惦念）

【反义对举】

●记人之功，忘人之过。

●兼听则明，偏信则暗。

●能兼得其所长，而不能偏举其详也。（汉朝　董仲
　舒）

jiā   jiǎn   chéng   chú

加—减，乘—除；

【注释】

加—减：加上—减去。

乘—除：乘法—除法。

加减乘除：算术的四则运算，借指事物的消长变化。

【大意】乘由同数连加而来，除由同数连减而来。

【别对】添—减（增—减）

【反义对举】

●贪吃贪睡，添病减岁。

●春天迟减衣，秋天缓加衣。

●端的是太平人物，谁想道命儿中加减乘除。（明朝
　王九思）

zǒng fēn děng chā
总—分，等—差。

【注释】

总—分：总数—分数、总体—部分。

等—差：相同—差异。

【大意】总数由分数构成，数之间存在相同和差异。

【别对】合—分

【反义对举】

● 天下大事，分久必合，合久必分。《三国演义》

● 爱无差等，曰兄子如邻子；分有相同，曰吾翁即若翁。

● 由四海之内总而分之，以至于关；由关之内，束而合之，以至于王都。（唐朝 柳宗元）

化加为乘，妙解难题

　　高斯是德国著名的数学家。在他 10 岁时，数学老师给他们出了一道数学难题：从 1 到 100，这 100 个自然数相加等于多少？

　　如果逐项相加，那得花费很长的时间。不料，老师刚解释完题目，却传来了高斯的声音："老师，我已经算出来了！"老师大吃一惊，高斯向大家解释说：因为 $1+100=101$，$2+99=101$，$3+98=101$，……，$49+$

52＝101，50+51＝101，而像这样的算数组合共有 50 组，所以答案就是：101×50＝5050。

这种以乘法代替加法的方法，正是数学家们经过长期努力才发现的计算等差级数之和的方法。

无理数的发现

希伯斯是古希腊著名数学家毕达哥拉斯的学生。有一次，他在画五角星时，发现正五边形的边与对角线之比不能用分数来表示。接着，他又发现正方形的对角线和边之比也不能用分数表示。他十分惊讶，便把发现告诉了同学。

与此同时，毕达哥拉斯本人也发现一些线段之比确实是不能用整数或分数来表示。但这一发现与他们这个学派的数的概念相冲突，所以毕达哥拉斯极力回避。然而希伯斯却将新数泄露出去，这就使毕达哥拉斯及其信徒大为恼火，他们追杀了希伯斯。

希伯斯是为追求真理而献身的人，后人痛惜他的惨死，牢记了他的历史贡献。

$\overset{\text{dān}}{\text{单}}$—$\overset{\text{shuāng}}{\text{双}}$，$\overset{\text{jī}}{\text{奇}}$—$\overset{\text{ǒu}}{\text{偶}}$；

【注释】

单—双：单数—双数。

奇—偶：奇数—偶数。

【大意】数分为单数和双数，即奇数和偶数。

【别对】独—偶（单—双）偶—必（偶然—必然）

剥—复（衰—盛）偶—常（偶尔—时常）

【反义对举】

●偶语易安，奇字难适。（南北朝　刘勰）

●祸不单行，福无双至。

●慎待必然，莫忽偶然。

zhòng　xiǎn　duō　shǎo
众 —鲜，多—少。

【注释】

众—鲜：众多—稀少。

多—少：量多—量少。表示不定的数量。

【大意】量有众多与鲜少，应明确具体数字。

【别对】众、多—少、寡、鲜

【反义对举】

●亘古通今，明鲜晦多。（南北朝　鲍照）

●历览古今多少事，成由勤俭败由奢。

●事大，大结其绳；事小，小结其绳。结之多少，随
　物众寡。（汉朝　郑玄）

cháng duǎn kuān zhǎi

长 —短，宽 —窄；

【注释】

长—短：分别表示长度大和小。引申为长处和短处。

宽—窄：分别表示范围大和小。偏指宽度。

【大意】量度有长短，范围有宽窄。面积由长宽决定。

【别对】修 —短（长—短）宽 —猛（宽容—严厉）

【反义对举】

●尺有所短，寸有所长。

●宽打窄用，有备无患。

●善学者，假人之长以补其短。（《吕氏春秋》）

gāo dī shēn qiǎn

高 —低，深 —浅。

【注释】

高—低：分别表示位置在高处和低处，引申为深浅轻
　　　　重等。

　　　　表示"无论如何"的反义词：横竖、横直、
　　　　反正、好歹、高低。

深—浅：分别表示深度和浅度，引申为事物的轻重
　　　　大小。

【大意】位置有高低，深度有深浅。有多高就有多深。

【别对】高 —下；昂 —低；深 —淡（深—薄）

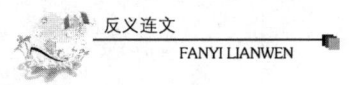

【反义对举】

●秋耕深，春耕浅。

●山有高低，水有深浅。

●横看成岭侧成峰，远近高低各不同。（宋朝　苏轼）

摆钟的由来

300多年前的一天，伽利略到比萨大教堂做礼拜。悬挂在教堂半空中的一盏吊灯被风吹得来回摆动。这引起了他的注意，"奇怪，怎么每次摆动的时间都相同呢？"伽利略提出了这样的疑问。

为了确定吊灯每次摆动的时间相同，当时在学医的他想到用自己的脉搏来测试。结果还是验证了自己的猜想。紧接着伽利略又提出了一系列问题："大小不一样的吊灯摆的时间一样吗？挂吊灯的绳子要是长短不一又会怎样呢？"

回到家，伽利略做起了实验。发现摆动的快慢与物体的重量无关，当线长时摆动慢，当线短时摆动快。后来人们根据伽利略的发现，制成了摆钟。

沧州石兽

从前沧州有座庙，一场暴雨将山门打倒，两只石

兽瞬间滚入河里。

几十年后，人们重修寺庙时决定打捞石兽。人们从当年石兽滚落的地方打捞，却始终没有捞到。

一位教书先生说："河水湍急，河床沙松，天长日久，石兽早被冲到下游去了。"守河老兵却笑着说："河水冲击石兽就会产生旋涡，卷走沙子，形成大坑，石兽就会逆水倒下，石兽应在上游。"果然，打捞者在落水处的上游找到了石兽。

方—圆，矩—规；

fāng   yuán   jǔ   guī

【注释】

方—圆：方形—圆形。分别引申为正直和圆滑。

矩—规：方矩—圆规。规矩多用来比喻标准法度。

【大意】方形的矩，圆形的规。方圆由规矩制成。

【别对】圆—扁（圆形—扁形）

【反义对举】

●不以规矩不能成方圆。（先秦　孟轲）

●胆欲大而心欲小，智欲圆而行欲方。（《旧唐书》

●欲知平直，则必准绳；欲知方圆，则必规矩。

shù xíng liàng zhì

数—形，量—质。

【注释】

数—形：数量关系—空间形式。数学包括数和形两
方面。

量—质：数量—性质。分别表示定量和定性两方面。
任何事物是量和质的统一。
数表示个数（自然数）和次序（基数），量
表示规模（如大小）和程度（如快慢）。

【大意】 数形结合，量质互变。

【反义对举】

● 以数解形，以形助数。

● 精心施工，保质保量。

● 数形结合百般好，割裂分家万是非。（现代　华罗
庚）

shǒu wěi duān mò

首—尾，端—末；

【注释】

首—尾：开头—结尾。

端—末：始—末。事情自始至终的过程。

【大意】 有头有尾，有始有终。

【别对】 头—尾（起首—结尾）

【反义对举】

●神龙见首不见尾。

●造作端末，妄生首尾。（汉朝　冯衍）

●圣人见微以知著，见端以知末。（先秦　韩非）

chū — zhōng ， shǐ — zú

初 — 终 ，始 — 卒 。

【注释】

初—终：开始—结束。表示整个过程。

始—卒：开始—完毕。

【大意】 事物都有开端和结束，做事要有始有终。

【别对】 颠—末（始—末）

【反义对举】

●其始不立，其卒不成。（宋朝　苏轼）

●守其初心，始终不变。（宋朝　苏轼）

●君子修诸业，虑初而图终。（宋朝　俞汝尚）

yīn — guǒ ， yuán — wěi

因 — 果 ，原 — 委 ；

【注释】

因—果：原因—结果。

原—委：源—委，发源—归宿。引申为事情的本末和
　　　　底细，泛指事情的来龙去脉。

【大意】 要认识事物之间的因果关系及其来龙去脉。

【反义对举】

●因缘果报，有因必有果。

●贵贱虽复殊途，因果竟在何处？（《南史》）

●来无源委逢秋盛，信有盈亏应月生。（宋朝　苏颂）

yuán　liú，qián　xiàn
源—流，潜—现。

【注释】

源—流：源头—流水。

潜—现：潜在—现实。古汉语里"见"通"现"。

【大意】 源头是潜在的，流水是显的。流水从源头
来，现实由潜在演变而来。

【别对】 见—隐（见—匿）见—伏（见—藏）

【反义对举】

●源洁则流清，形端则影直。（唐朝　王勃）

●人天宵现景，神鬼昼潜形。（唐朝　宋之问）

●澄其源者流清，溷其本者末浊。（《后汉书》）

wèi　yǐ，wú　yǒu
未—已，无—有；

【注释】

未—已：不曾—曾经。

无—有：没—有。

【大意】 事情存在尚未或已经发生两种情形。"无"是

尚未发生的事，"有"则是已经发生的事。

【别对】冇—有（没—有）

【反义对举】

●有则改之，无则加勉。（宋朝　朱熹）

●常将有日思无日，莫待无时想有时。（明朝　张居正）

●不治已病治未病，不治已乱治未乱。（《黄帝内经》）

微—著，渐—突。
（wēi—zhù，jiàn—tū）

【注释】

微—著：细微—显著。

渐—突：逐渐—突然，渐变—突变。

【大意】任何事物是从无到有，从小到大，渐渐地突显出来。

【别对】微—宏（细—巨）微—彰（隐藏—明显）

微—重（轻—重）骤—渐（突然—逐渐）

【反义对举】

●连日累岁，积微成著。（《宋书》）

●新生代异军突起，渐成主流。

●谋而不得，则以往知来，以见知隐。（先秦　墨翟）

巧算容积

一天，爱迪生把一只没上灯口的空灯泡壳交给他的助手，要他计算出灯泡壳的容积。

助手拿着这种梨型灯泡壳琢磨了好久，于是拿着尺子量出各种数据来，并伏在案上忙着计算。

爱迪生见状，说："不用算了，把灯泡壳装满水，再倒进量杯里，它的体积不就出来了吗？"

助手顿时恍然大悟，原来这么简单的问题，竟让自己搞复杂了。

失一钉，丢江山

1485 年，英国国王查理三世与亨利伯爵在波斯沃斯展开决战。

战前，他派人为他备马。在仓促准备中，在钉马掌时缺了一枚钉子。因为缺了这枚钉子，这个马掌便在行军中丢了。

当双方正展开激烈作战时，战马因为少了一个马掌，突然仰身跌倒在地，致使国王被俘，查理三世不仅输掉这场战争，而且也失掉了整个王国。

于是，从那时起，英国民间就传唱着这样一首歌谣："失了一颗铁钉，丢了一只马蹄铁；丢了一只马蹄铁，折了一匹战马；折了一匹战马，损了一位国王；损

了一位国王，输了一场战争；输了一场战争，亡了一个
帝国。"

这个故事告诫人们要注意工作中的每个细节，切
不可疏忽大意。

_{lǚ} _{hǎn} _{pǔ} _{tè}
屡—罕，普—特；

【注释】

屡—罕：屡次—稀罕。

普—特：普通—奇特，普遍—特殊，共性—个性，一
　　　般—特殊。

【大意】遇到数见的事物就觉得很普通，遇到罕见的
　　　事物就觉得很奇特。

【反义对举】

●罕见为奇，屡见不鲜。

●普里有特，特里含普。

●老我以猜故，屡为语罕挤。（宋朝　五迈）

_{céng} _{fēn} _{shèn} _{xiǎn}
曾—脱，甚—尟。

【注释】

曾—脱：曾经—未曾。

甚—尟：繁多—稀少。

含"不"的合成反义字：正—歪（wāi）、好—孬（nāo）、用—甭（béng）、要—嫑（biáo）。含"勿"的合成反义字：用—甮（bèng）、要—覅（fiào）。

【别对】甚—微（严重—轻微）多—尟（多—少）

【大意】曾有的极多，未曾有的稀少。

【反义对举】

●眼是孬汉，手是好汉。

●上梁不正下梁歪，下梁不正倒下来。

●沙砾无量，而珠璧甚尟；鹰隼屯飞，而鸾凤罕出。

bǐ cǐ nà zhè
彼—此，那—这。

【注释】

彼—此：那—这。表示大家一样。

那—这：那个—这个。

【大意】彼就是那，此就是这。

【别对】彼—我、彼—己（对方—自己）

【反义对举】

●此一时，彼一时。

●知彼知己，百战不殆。（先秦 孙武）

●这山看着那山高，走到那山一般高。

zhèng fǎn máo dùn

正 — 反 , 矛 — 盾 。

【注释】

正 — 反 : 正面 — 反面。反正 : 无论如何。

矛 — 盾 : 原指两种相互对抗的武器, 后被引申为思想
言论前后不一致的逻辑关系, 哲学上表示对
立统一。

【大意】 事物存在正反两方面, 它们是对立统一关系。

【别对】 正 — 负 ; 正 — 倒 ; 正 — 倾 ; 正 — 奇 ; 正 — 副 ;
正 — 曲 ; 正 — 枉 ; 正 — 偏 ; 正 — 侧 ; 正 — 斜。

【反义对举】

●以子之矛陷子之盾。

●以正治国, 以奇用兵, 以无事取天下。 (先秦　老
聃)

●脚正不怕鞋子歪, 身正不怕影子斜。

自相矛盾

楚国有个同时卖矛和盾的商人。

他对买盾的人说: "我的盾非常坚固, 无论什么
东西都能刺破。"接着又对买矛的人说: "我的矛非常
锐利, 无论什么东西都刺不破。"

路人问他: "用你的矛刺你的盾, 会怎样呢?"商

人无言以对。

华盛顿找马

华盛顿是美国第一任总统。

有一天，他家的一匹马被人偷走了。于是，他同警察一起去偷马人的农场里，但偷马人拒绝归还，一口咬定说这就是他家的马。

华盛顿见偷马人抵赖，便用双手蒙住马的两眼，对那个偷马人说："如果这马真是你的，请问，马的哪只眼睛是瞎的？"

偷马人犹豫地说："右眼！"

华盛顿放下蒙右眼的手。只见马的右眼炯炯有神，没有瞎。

"哦，是我说错了，"偷马人立即自我纠正说，"是马的左眼瞎了。"

华盛顿又放下蒙左眼的手，马的左眼也没瞎。

"糟糕，我又说错了。"偷马人自我解嘲道。

"是的，你都错了。"警察说，"这已经足以证明马不是你的，你必须把马还给华盛顿先生。"

对—错，肯—否；

【注释】

对—错：正确—错误。

肯—否：肯定—否定。

汉语中可表示否定意义的前缀：不、非、反、
被。如：不是、非常、反作用、被减数。

【大意】正确赢得社会肯定，错误遭到社会否定。

【别对】然—否（对—错）错—合（错开—合拢）

【反义对举】

●事有否然，身有利害。（汉朝　王充）

●对的要坚持，错的要改正。

●我欲愿汝成大贤，未知天意肯从否。（宋朝　邵雍）

jiē　mò　yí　jì

皆—莫，宜—忌。

【注释】

皆—莫：全—无。

宜—忌：适宜—禁忌。

【大意】适宜的皆可行，禁忌的不可行。

【反义对举】

●得病莫忌医，看病皆宜早。

●用人最忌非所宜，愿莫使公嗟俗吏。（宋朝　文同）

●传家处世皆宜省，教子千万莫若勤；传家处事皆宜
忍，教子千万莫惹人。

yán gé fǎng chuàng

沿—革，仿—创；

【注释】

沿—革：沿袭—变革。

仿—创：模仿—创造。

【大意】 沿袭效仿，变革创新。

【别对】 仍（依旧）、循（遵循）、拘（拘泥）、因
（沿袭）—变、易、更、改、移、革、化
（改变、变革）

【反义对举】

●道有因循，有革有化。（西汉 扬雄）

●艺术的事情大都始于模仿，终于独创。（现代 叶
圣陶）

●有让岂无争，无沿安有革。争让起于心，沿革生于
迹。（宋朝 邵雍）

cháng biàn fǎ huà

常—变，法—化。

【注释】

常—变：常态—变态；常量—变量。

法—化：规则—变化。

【大意】 不变的是规则，改变就会转化。在常法之上
变化。

【别对】 变—通（革新—继承）

【反义对举】

● 既有师法，又有变通。（宋朝 刘道醇）

● 凡事有经必有权，有法必有化。（清朝 王概）

● 天下之事，理胜力为常，力胜理为变。（明朝 冯梦龙）

^{tǔ} ^{yáng} ^{tǐ} ^{yòng}
土—洋，体—用；

【注释】

土—洋：中国—外国，土产—洋货。

体—用：本质—外表，本体—作用。

【大意】 建设要以本地为根本，外来为功用。

【别对】 中—洋（中国—外国）

【反义对举】

● 土洋结合，妙趣横生。

● 明体以及用，通经以知权。（唐朝 刘禹锡）

● 古为今用，洋为中用，百花齐放，推陈出新。（现代 毛泽东）

^{pò} ^{lì} ^{jiù} ^{xīn}
破—立，旧—新。

【注释】

破—立：破坏—建设。

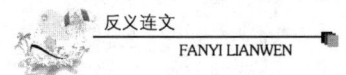

旧—新：陈旧—新鲜。

【大意】破除旧的，建设新的。

【别对】倒—立；新—陈；新—老；新—故。

【反义对举】

●须破得旧说，方立得新说。（宋朝　朱熹）

●长江后浪推前浪，世上新人撵旧人。

●才有深浅，无有古今；文有伪真，无有故新。（汉朝　王充）

鲁班仿齿创锯

鲁班是春秋时期鲁国著名的工匠。

相传有一次他进深山伐木时，不小心在山坡上滑倒，手被一种茅草的叶子划破了，渗出鲜血来。他摘下茅草的叶子仔细地观察，发现叶子是齿状的，鲁班从中获得了启发。

他想，要是有这样齿状的工具，不就能迅速地锯断树木了吗？

于是，他仿造茅草的叶子，发明了锋利的锯子，大大提高了工作效率。现在各式各样的锯子已广泛地运用在社会生活中。

哥伦布破壳立蛋

哥伦布是美洲"新大陆"的发现者。

在一次庆贺宴会上，一位客人当着众人的面对哥伦布说："在我看来，你发现了新大陆没有什么了不起，任何人只要坐船一直向西航行，都会有这个发现。"

哥伦布没有直接同他争辩，而是随手拿起桌上的鸡蛋，对客人说："请你把它立在桌面上。"客人摆来摆去，始终无法做到。旁边的人跟着试了试，也没人能把鸡蛋立住。

这时候，哥伦布拿起鸡蛋轻轻地往桌上一磕，蛋壳虽然破了，鸡蛋却稳稳地立在桌面上。那位自命不凡的客人看后哑口无言了。

dào qì hún pò
道—器，魂—魄；

【注释】

道—器：道理—器物。

魂—魄：古人认为魂是阳气，构成人的思维才智。魄是粗粝重浊的阴气，构成人的形体。魂魄协调则人体健康。

【大意】自然存在无形之道和有形之器，人体存在无形的精神和有形的形体。

【别对】道—魔（道术—魔术）道—辟（干道—僻径）

【反义对举】

●大道无形，称器有名。（《尹文子》）

●形而上者谓为道，形而下者谓为器。（《易经》）

●身既死分神以灵，魂魄毅分为鬼雄。（先秦 屈原）

fó mó shén guǐ
佛—魔，神—鬼。

【注释】

佛—魔：心灵—魔怪。《西游记》曰："佛即心分心即
　　　　佛，心佛从来皆要物。"

神—鬼：神灵—鬼魂。

【大意】古人认为：心通神灵，魔通鬼魂。
　　　　意指："不做亏心事，不怕鬼敲门。"

【反义对举】

●一念成佛，一念成魔。

●鬼是人怕的，神是人画的。

●笔落惊风雨，诗成泣鬼神。（唐朝 杜甫）

cōng lóng ruì mào
聪—聋，睿—瞀；

【注释】

聪—聋：耳聪—耳聋。聪本义是用耳去听，后引申为
　　　　听力好，再引申为聪明聪敏。

睿—瞆：眼明—眼花。分别引申为圣明和愚昧。

【大意】耳聪睿智，耳聋愚钝。

【别对】聪—聩

【反义对举】

●近贤则聪，近愚则聩。（唐朝　皮日休）

●耳聪不学犹如聋，目明不学近乎盲。

●按华核对，役繁赋重，区瞆不睿之罚也。（《宋
　书》）

huì　　wán　　néng　　bǐ
慧 —顽，能 —鄙。

【注释】

慧—顽：智慧—愚顽。

能—鄙：才干—无能。

【大意】智慧工巧，愚顽无能。

【别对】贤—鄙（贤士—鄙夫）

【反义对举】

●能鄙不相遗，则能鄙齐功；贤愚不相弃，则贤愚等
　虑，此至治之术也。（《尹文子》）

●贵贱在命，不在智愚；贫富在禄，不在顽慧。（汉朝
　王充）

●人之善恶，不必世族；性之贤鄙，不必世俗。（汉朝
　王符）

zhì　yú　qiǎo　zhuō
智—愚，巧—拙；

【注释】

智—愚：聪明—愚笨。

巧—拙：灵巧—笨拙。

【大意】心智手巧，心愚手拙。

【别对】贤—愚；哲—愚；巧—笨；工—拙。

【反义对举】

●巧拙循名异，浮沉顾位同。（唐朝　包佶）

●智者千虑必有一失，愚者千虑必有一得。

●地也，你不分好歹何为地！天也，你错勘贤愚枉做
　天！（元朝　关汉卿）

líng　bèn　huó　dāi
灵—笨，活—呆。

【注释】

灵—笨：灵巧—笨拙。

活—呆：灵活—呆板。

【大意】脑子灵的人灵活，脑子笨的人呆板。

【别对】死—活；活—板（灵活—死板）

【反义对举】

●活者死矣，灵者笨矣。

●语言生动，活而不呆。

●变则活，不变则板。（清朝　李渔）

愚公移山

从前，太行山下住着一位年近90岁的老人，名叫愚公。他家门前坐落着两座大山，挡住他家与外界的联系。

愚公决心要挖掉这两座大山。河曲智叟劝他说："别干这种蠢事了，山这么高，你什么时候才能挖完啊？"

愚公说："即使我死了，还有儿子，儿子死了还有孙子，子子孙孙总会挖完的。"

于是，愚公就带领全家老少整天不停地挖山。这件事感动了天帝。天帝派人悄悄地把山背走了。

从此，愚公家门口再也没有高山阻隔了。

鳄鱼与母亲

鳄鱼从母亲手中夺走了小孩。鳄鱼说："我会不会吃掉他？如果你猜对了，我就把他放了。"

聪明的母亲回答说："你会吃掉他的。"愚蠢的鳄鱼一下子蒙了，它原以为母亲会说：你一定会把孩子放了。那样他就可以名正言顺地获得一顿美餐。

母亲接着说："我已经回答了你的问题，现在你

必须把孩子放了。如果你吃掉他，证明我是对的。你应该履行你的承诺。"鳄鱼想："我不能把孩子放了，我若放了孩子，就证明你回答错了，而我应根据承诺吃掉他。"

正当鳄鱼左右为难的时候，勇敢的母亲一把夺走了孩子。

huá　hān　xiá　chī
猾—憨，黠—痴；

【注释】

猾—憨：狡猾—憨厚。

黠—痴：智黠—愚痴。

【大意】狡猾智黠，憨厚愚痴。

【反义对举】

●忠奸憨猾，一时难以分辨。

●身后升沉各何有，到头谁黠复谁痴。（宋朝　杨万里）

●幸有浊醪从客醉，常忧黠鬼笑人痴。（宋朝　陆游）

duó　wàng　wù　mí
度—妄，悟—迷。

【注释】

度—妄：揣度—妄念。度：所考虑的范围。妄：超出

所考虑的范围。《新书》曰："以人自观谓之
度，反度为妄。"

悟—迷：觉悟—迷惑。

【大意】揣度产生顿悟，妄念陷入迷惑。

【别对】惑—悟（迷惑—觉悟）

【反义对举】

●凡迷者迷于悟，悟者悟于迷。

●去规矩而妄意度，奚仲不能成一轮。（先秦　韩非）

●世以生时心，妄度死者情，疑其不忍去，一笑可绝
　缨。（宋朝　陆游）

yán　mò　biàn　nè
言—默，辩—讷；

【注释】

言—默：议论—沉默。

辩—讷：健谈—木讷。

【大意】能言巧辩，沉默木讷。

【别对】语—默；言—行；敏—讷（敏捷—迟钝）

【反义对举】

●言而当，知也；默而当，亦知也。（先秦　荀况）

●大直若屈，大巧若拙，大辩若讷。（先秦　老聃）

●君子之道，或出或处，或默或语。（《周易》）

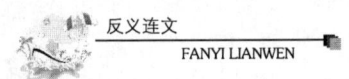

<ruby>响<rt>xiǎng</rt></ruby>—<ruby>哑<rt>yǎ</rt></ruby>，<ruby>哗<rt>huá</rt></ruby>—<ruby>寂<rt>jì</rt></ruby>。

【注释】

响—哑：响亮—嘶哑。

哗—寂：喧哗—寂静。

【大意】响声喧哗，哑然无声。

【别对】聋—哑（聋子—哑巴）静—哗（寂静—热闹）

【反义对举】

●哑哨吹不出响声。

●满座寂然，无敢哗者。（清朝 林嗣环）

●眼中形势胸中策，缓步徐行静不哗。（宋朝 宗泽）

诡辩家欧布利德的故事

欧布利德是古希腊一位著名的诡辩家。

有一次，他对朋友说："你没有失掉的东西，那么你就有这件东西，对吧？"朋友不假思索地回答说："对！"欧布利德接着说："你没有失掉头上的角吧？那你的头上就有角了。"两人最后闹到大公那里。大公问明情况后，就对欧布利德说："在我的城堡里，你没有失掉坐牢的权利吧，那就让你享受三天这种权利吧！"于是欧布利德就被禁闭了三天。

又有一次，他向邻居借了一笔钱，约定一个月后归还。一个月后，邻居来讨钱，他赖账说："我没有向你借钱呀！"邻居说："你忘了吗？是你上月向我借的。"欧布利德解释说："对，上月我是向你借了钱，不过，你应该知道，一切皆变，一切皆流，现在的我已不是上月借钱的我了，你怎么能叫现在的我为过去的我还钱呢？"邻居听了，抄起身边的木棍将他痛打一顿，他便去告状，在法庭上邻居对他说："你不是说一切皆变，一切皆流吗？现在的我已不是刚才打你的我了。"欧布利德无话可说，只好自认倒霉，并乖乖地把钱还给了邻居。

耕—读，渔—猎；
gēng dú yú liè

【注释】

耕—读：农耕—读书。《训子语》："读而废耕，饥寒交至；耕而废读，礼仪遂亡。"

渔—猎：捕鱼—打猎。引申为掠夺窃取，或比喻博览群书。

【大意】一边耕种，一边读书；一边打鱼，一边狩猎。

【别对】耕—获（耕耘—收获）

【反义对举】

●耕读传家久，诗书继世长。

● 渔猎取薪，蒸而为食。（先秦 管仲）

● 不为圣贤，便为禽兽；莫问收获，但问耕耘。（清朝
　　曾国藩）

早—晚，播—获。
_{zǎo　wǎn　bō　huò}

【注释】

早—晚：早晨—晚上。引申为先后、迟早或近日某时
　　　　的意思。

播—获：播种—收获。

【大意】抢时早播种，适时晚收成。

【别对】早—旰、迟、晏（早—晚）

获、得—丧、失、遗（得到—失去）

【反义对举】

● 早起三光，晚起三慌。

● 得何足喜，失何足忧。

● 若农夫然，播获百谷，候之而弗失焉。（清朝 唐
　　甄）

正文及大意

师徒带跟，教学传习

　　师傅引导，徒弟跟随。老师教育学生，传授知识；
学生学会为人，相因践行。

告问说听，必毋谆藐

一问一答，一听一说，互动教学。务必诚恳，切勿轻视。

纲目博约，繁简详略

大纲内容丰富，细目简单明了。繁多详细，简约不烦。

难易奥显，偏兼忘记

艰深难懂，简单明了。偏向易忘，兼顾易记。

加减乘除，总分等差

乘由同数连加而来，除由同数连减而来。总数由分数构成，数之间存在等同和差异。

单双奇偶，众鲜多少

数分为单数和双数，也就是奇数和偶数。量有众多与鲜少，应明确具体数字。

长短宽窄，高低深浅

量度有长短，范围有宽窄。面积由长宽决定。位置有高低，深度有深浅。高低对应深浅。有多高就有多深。

方圆矩规，数形量质

方形的矩，圆形的规。方圆由规矩制成。数形结合，量质互变。

首尾端末，初终始卒

有头有尾，有始有终。事物都有开端和结束，做事要有始有终。

因果原委，源流潜现

要认识事物之间的因果关系及其来龙去脉。源头是潜在的，流水是显的。流水从源头来，现实由潜在演变而来。

未已无有，微著渐突

事情存在尚未或已经发生两种情形。"无"是尚未发生的事，"有"是已经发生的事。任何事物都是从无到有，从小到大，渐渐地突显出来。

屡罕普特，曾勩甚尠

遇到数见的事物就觉得很普通，遇到罕见的事物就觉得很奇特。曾有的事物极多，未曾有的事物稀少。

彼此那这，正反矛盾

彼就是那，此就是这。正反两面，对立统一。

对错肯否，皆莫宜忌

正确赢得社会肯定，错误遭到社会否定。适宜的皆可行，忌讳的不可行。

沿革仿创，常变法化

沿袭效仿，变革创新。不变的是规则，改变就会转化。

土洋体用，破立旧新

建设要以本地为根本，外来为功用。破除旧的，建设新的。

道器魂魄，佛魔神鬼

自然界存在无形之道和有形之器，人体存在无形之精神和有形之形体。心通神灵，魔通鬼魂。

聪聋睿瞽，慧顽能鄹

耳聪睿智，耳聋愚钝。智慧工巧，愚顽无能。

智愚巧拙，灵笨活呆

心智手巧，心愚手拙。脑子灵的人灵活，脑子笨的人呆板。

猾憨黠痴，度妄悟迷

狡猾智黠，憨厚愚痴。揣度产生顿悟，妄念陷入迷惑。

言默辩讷，响哑哗寂

能言巧辩，沉默木讷。响声喧哗，哑然无声。

耕读渔猎，早晚播获

一边耕种，一边读书；一边打鱼，一边狩猎。抢时早播种，适时晚收成。

后　记

　　读者朋友，当您拿起此书时，说明您对我国传统文化有兴趣；捧阅此书，说明您较为关注反义词文化的内容。感谢您的关注和阅读，我诚挚地期望您有所感悟、有所收获。

　　在创作本书之前，笔者用了近半年的时间来确定创作的主题。初稿内容一气呵成，之后又花了相当长的时间对本书进行反复修改，最终完成拙作。计算一下时间，居然用了 6000 多小时。因此，本书亦可称为"六千时文"。

　　当然，由于笔者水平有限，本书里可能还存在不少错误和遗漏，敬请专家和读者予以指正，以便在今后做进一步的修改。

　　最后，特别感谢知识产权出版社的"来出书"平台，实现了我的出版梦想，呕心沥血之作能够得以面世，实在是人生幸事！

笔者
2015 年 3 月